# 三くだり半からはじめる古文書入門

高木侃
takagi tadashi

柏書房

# はじめに

古文書と書いて「こもんじょ」と読みます。近年では、自治体やカルチャーセンター、私立大学などが主催する古文書講座も盛況のようで、「こもんじょ」という言葉も市民権を得てきたように感じられます。

本書は、その「こもんじょ」の学習を1から始めてみたい、もう少し読めるようになりたい、と考えている方のために作りました。私自身もそうでしたが、正直、古文書をスラスラと読めるようになるには時間がかかります。1つ1つの地道な積み重ね以外に、読めるようになる道はありません。

本書では、私の所蔵している「三行半」、いわゆる「三くだり半」(離縁状)を題材に取り上げました。江戸時代の古文書のなかでは一番短く、簡潔にまとまっているため、入門・初学者が読み切るテキストとして最適だと判断したからです。女性(妻)の名前、男性(夫)の名前、離縁状のタイトル、離婚の理由、決まり文句などの学習を通じて、古文書を読む上で必要な漢字や部首、ひらがなが身に付けられるように編集してあります。

古文書に書かれている文字を、いきなり全部読むのではなく、必要なところから少しずつ覚えていく。そうして1字ずつ読める文字を増やしていく。この方法が一番の早道であると信じています。私は法学部の出身で古文書を系統的に学んだわけではなく、ほぼ独学です。「縁切寺満徳寺」の古文書が読めないと論文が書けないので、必死に古文書と格闘したものです。私より読める人はすべて「先生」にして、くずし字を教えてもらいました。これからも読者のみなさんと一緒に私も学んでいくつもりです。

本書には、２００９年に新潟県十日町市で発見された「妻から夫へ対して出された離縁状」を収録しています。今まで40年以上「三くだり半」の研究をし、１２００通余の「三くだり半」を見てきましたが、この事例は初めてのことでした。

この珍しい離縁状を本書に掲載するにあたって、川治地区振興会会長の遠田彰平氏と十日町情報館の高橋由美子氏には大変お世話になりました。また、本書の刊行にあたっては、柏書房編集部の小代渉氏に多くを手伝っていただきました。ここに感謝申し上げます。

２０１１年3月

高木　侃

『三くだり半からはじめる古文書入門』目次

はじめに　1

**第1部　いろいろな名前を読んでみよう**　5

第1章　女性の名前を読む——江戸時代の「ひらがな」に慣れよう　6

第2章　男性の名前を読む——右衛門・左衛門・兵衛・蔵・郎　25

**第2部　決まり文句を覚えよう**　55

第3章　三くだり半に付けられたタイトル　56

第4章　決まった場所には決まった言葉　79

第5章　離婚の理由あれこれ　123

**第3部　全文解読に挑戦しよう**　143
第6章　いろいろな三くだり半　144
**【コラム①】女性名の実際**　24
**【コラム②】「深厚之宿縁浅薄」——満徳寺離縁状の模倣**　53
**【コラム③】三くだり半のタイトルあれこれ**　76
**【コラム④】離婚は妻の所為《せい》では無い**　138
**【コラム⑤】江戸時代の離婚は熟談離婚**　140
**【コラム⑥】三くだり半のマニュアル**　141

凡例
1、本文中では原則として常用漢字を使用していますが、古文書の解読文については、一部旧漢字を使用しています。
2、解読文中に出てくる「者」「江」「而」「与」「ニ」については、そのまま小さく右寄せにして表記しています。また、合字の「ゟ」はそのまま使用しています。
3、本書第1部については、三くだり半以外の史料からも、くずし字を選んで掲載しています。

# 第1部

# いろいろな名前を読んでみよう

# 第1章　女性の名前を読む——江戸時代の「ひらがな」に慣れよう

本章では、まず「三くだり半」に書かれた女性の名前を題材にして、江戸時代の「かな文字」（以下本書では「ひらがな」と記します）について学習を進めていきましょう。なぜ「ひらがな」から始めていくかと言いますと、当時の寺子屋での学習も「ひらがな」、つまり「いろは」から始めましたし、現代の小学1年生も「ひらがな」から学習を始めていくからです。

話は変わりますが、テレビの時代劇や時代小説に登場する女性の名前を頭に思い浮かべてみてください。「おみっちゃん（みつ）」「おしんちゃん（しん）」「おりくさん（りく）」「おかよさん（かよ）」など、いろいろな名前が浮かんでくるのではないですか。カッコ内に記した名前が当時の正式な名前（公文書に書かれる名前）となりますが、「三くだり半」でも頭に「お」を付けて記されていることが非常に多く、呼び名としては「お」を付けるのが一般的だったようです。

さて、昭和生まれの方々には馴染みの深い「○子」「○○子」と、下に「子」が付く名前は、平成以降には随分減ってきて、2010年生まれの女の子の名前ランキングでは、「陽菜」「結愛」「美桜」など、一瞬読み方がわからない名前が流行っているようです（明治安田生命調査による）。「子」が付く名前自体は、江戸時代の身分制度のもとでは、公家や武家の子女などが付ける名前でしたので、庶民が「子」を付けるようになるのは、「四民平等」となる明治時代以降のことです。それゆえ、私がこれまでに収集してきた庶民の「三くだり半」には、「○子」「○○子」という記載は1つも出てきません。

それでは、次ページから早速女性の名前を読み始めていきましょう。

まず、江戸時代のくずし字についての知識がまったく無くても読める名前を、以下にいくつか掲げてみます。

①

②

③
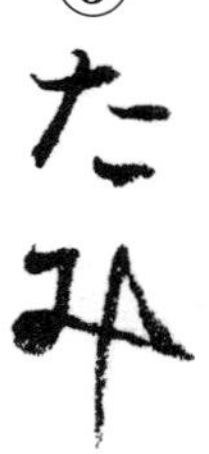

④

⑤

⑥

いかがですか？　毛筆で書かれてはいますが、現在の「ひらがな」とほぼ同じ形をしていますので、おそらくすべての文字が読めたのではないでしょうか。

答えは、①「ます」さん、②「ちか」さん、③「たみ」さん、④「のよ」さん、⑤「なつ」さん、⑥「きく」さん、です。

では、以下に掲げる６人の名前はいかがでしょう?

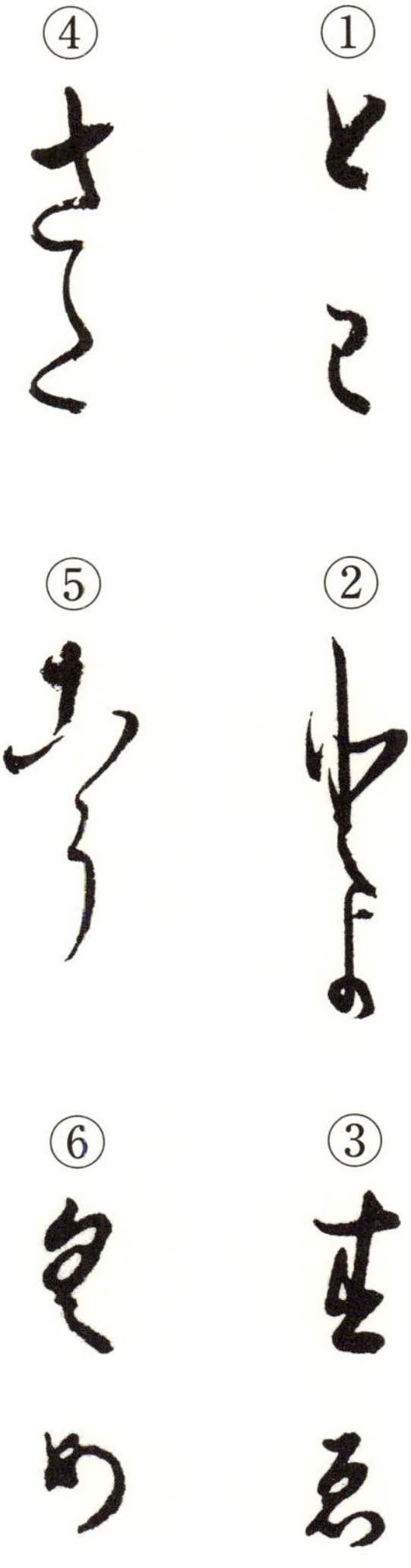


もしかすると、片方の文字は読めたのに、もう片方の文字が読めなかった、という方が多かったのではないでしょうか。

実は、読めないというのは、ある意味で当然のことなのです。片方は現在の「ひらがな」と同じ形をしています。しかし、江戸時代の「ひらがな」は、同じ「ひらがな」でも1つの形だけとは決まっておらず、複数の形があったのです。「あいうえお、かきくけこ……」といった50音が現在の形に決まったのは、明治33年（１９００）のことでした。以下、９ページの①から⑥までに出てくる「ひらがな」について、１つ１つくわしく見ていきましょう。

①の最初の文字は「と」です。これは読めたと思います。しかし、上に大きく掲げた「ひらがな」は何と読むでしょうか。答えは「わ」。つまり、①は「とわ」さん、ということになります。

でも、どうしてが「わ」と読むのでしょうか。

実はこのは、「王」という漢字がくずれたものです。「おう」は旧仮名遣いでは「わう」となりますので、「ひらがな」の「わ」に当てられたのですで①は「とわ」さんだとわかりました。

このには、ほかにも左のようなくずし方が有ります。

1つの「ひらがな」に対して、複数のくずし方が有るということが、これでよくわかります。これらはすべて「わ」と読みます。

続いて②です。

下の文字はですが、上に掲げたはいったい何と読むのでしょう。おそらく①と同様に、まったく予測がつかないのではないでしょうか？　答えは「と」です。②は「とよ」さん、となります。

これが「と」？　と思った方も多いのではないですか？

しかし、このは皆さんが外食をした時などに、よく目にする物に記されているはずなのですが、いかがでしょうか。次の図版を見てください。

お馴染みの割り箸の袋には、漢字が4文字「御手茂登」（御てもと）と書かれています。つまり、一番下のが、②で見たと同じ「と」ということになります。「登」は音読みをすると「と」となりますので（「登山」「登城」などが「と」と読みます）、「ひらがな」の「と」に当てられたということです。で②は「とよ」さんだとわかりました。

このには、ほかにも左のようなくずし方が有ります。

①とは異なり、1つ1つのくずし字にそれほど大きな違いは見られません。ですから、11ページに掲げたを1つ覚えておけば、ほぼすべての「登＝と」が読めるようになるということです。

次いで③です。

下の文字は「」ですが、上の文字は何でしょうか。

ここまで、すぐに答えを明かしてきましたが、名前は固有名詞ですから、実は仮に文字が読めたとしても、その名前が合っているのか否かが不安になることが有ります。と言うのも、江戸時代の女性の名前は、現代では聞き慣れない名前のことが多いからです。

例えば「かせ」「つさ」「もよ」「りせ」などですが、頭に「お」を付けて「おかせさん」「おつささん」「おもよさん」「おりせさん」とすれば、多少の違和感は薄まるでしょうか。

さて、③  に戻ります。ここでは前の文字が読みたいわけですが、どうすればよいでしょうか。本書の22ページと23ページに江戸時代の「ひらがな一覧」を載せておきました。次ページの上段に、その一部を掲げてみました。このなかに答えの文字が隠れているのですが、似た形の文字を探してみることにしましょう。

まず、「あ行」には無さそうです。「か行」も同様です。「さ行」はどうでしょうか。「す」のグループのなかに目当ての文字と似た形を

| な行 | た行 | さ行 | か行 | あ行 |
| --- | --- | --- | --- | --- |
| 奈　奈　奈　那 | 太　堂　多　多 | 左　佐　左 | 加　可　可　可 | 安　阿 |
| 仁　耳　尓　丹 | 知　地 | 之　志 | 幾　支　幾　起 | 以　以 |
| 奴　怒 | 川　徒　川　津 | 寸　須　春　須 | 久　久　具 | 宇 |

した文字が有ります。続けて「た行」と「な行」も見てみると、同じ形の文字は有りません。つまり、③は「すゑ」（「おすゑさん」）ということになります。

このように、「ひらがな一覧」を使って同じ形の文字を探してみれば、実はすべての「ひらがな」が読めるのです。①のも②のも一覧に載っていることを確認してみてください。

「ひらがな一覧」を使わずに文字を探す方法も有ります。あまりお勧めはできませんが、1文字だけわかっていて、上か下の文字が読めない場合には、「あ」から「ん」まで、1文字ずつ「ひらがな」を入れてみて、適当な名前になるかを調べてみるという方法も有ります。

続いて④を読んでみましょう。

上の文字は「さ」です。下の文字が問題となりますが、再度「ひらがな一覧」の一部を次ページ上段に掲げてみます。

③の時と同じように1つずつ一覧を見てみると、「た行」のなかに似た文字が有ることがわかります。

の形が「た」だとすれば、この名前は「さた」（「おさださん」）となり、女性らしい名前となりました。しかし、どうにも納得がいかない

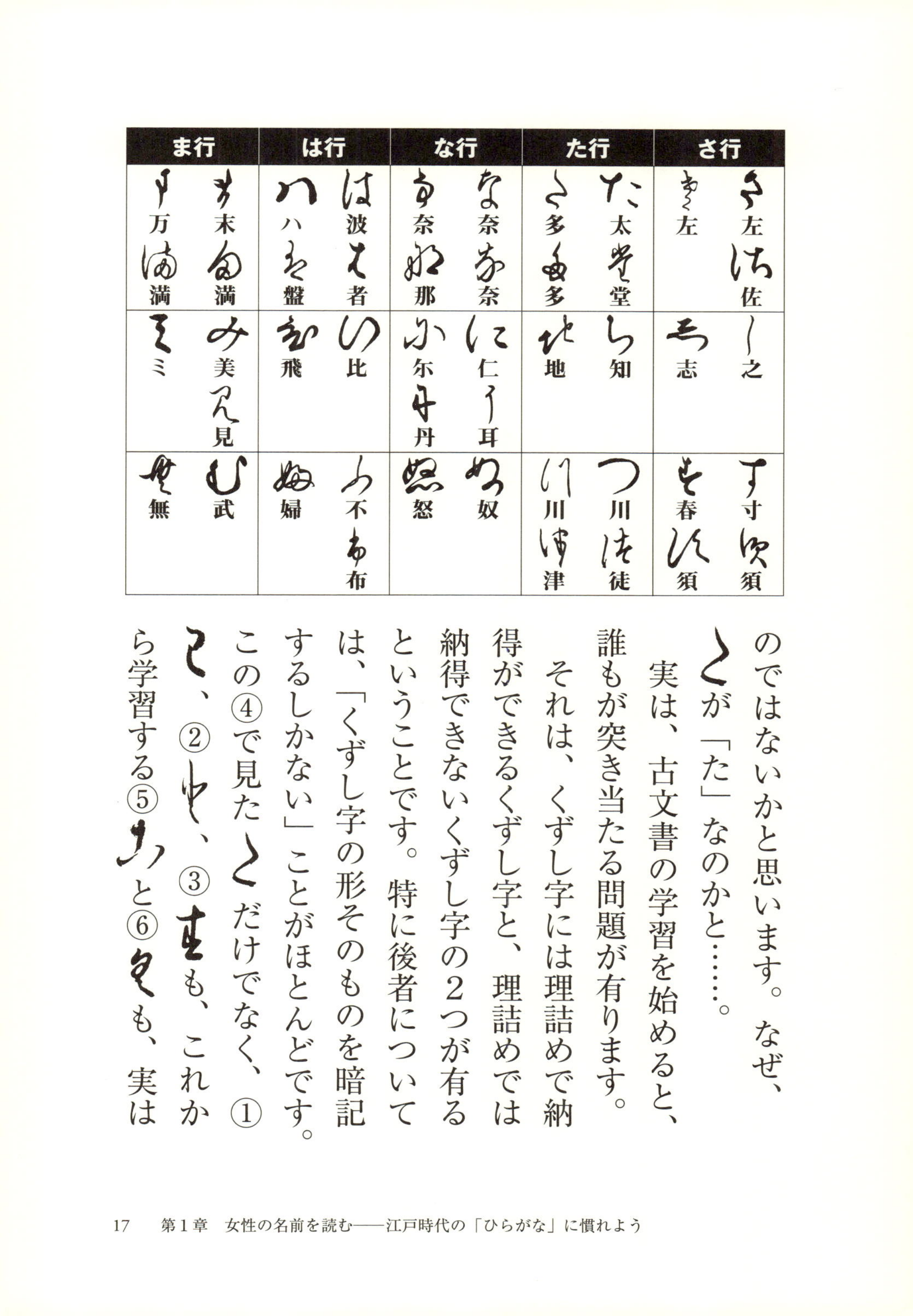

| | さ行 | た行 | な行 | は行 | ま行 |
|---|---|---|---|---|---|
| | 左 佐 左 | 太 堂 多 多 | 奈 奈 奈 那 | 波 者 ハ 盤 | 末 満 万 満 |
| | 之 志 | 知 地 | 仁 耳 尓 丹 | 比 飛 | 美 見 ミ |
| | 寸 須 春 須 | 川 徒 川 津 | 奴 怒 | 不 布 婦 | 武 無 |

のではないかと思います。なぜ、が「た」なのかと……。

実は、古文書の学習を始めると、誰もが突き当たる問題が有ります。

それは、くずし字には理詰めで納得ができるくずし字と、理詰めでは納得できないくずし字の2つが有るということです。特に後者については、「くずし字の形そのものを暗記するしかない」ことがほとんどです。

この④で見ただけでなく、①、②、③も、これから学習する⑤と⑥も、実は同様に「暗記するしかない」文字の典型例です。もちろん、いつでも傍に「ひらがな一覧」が有れば良いのですが、無い場合も有るので、「覚えてしまう」ということが最大の武器になるのです。

皆さんも、これまでの人生のなかでいろいろと暗記をした経験が有ると思います。掛け算の九九しかり、百人一首しかり、漢字の読み書きしかり、英単語しかりです。あるいは、特に意識をして暗記をしなくても、自然と頭のなかに入ってきたという経験も有るのではないでしょうか。それは、何度も何度も目にする機会が有ったり、繰り返し使う機会が有ったり、ということではないですか。

実は古文書の学習もこれと同じなのです。同じくずし字が何度も何度も出てくれば自然と覚えられますが、たまにしか出てこないくずし字はなかなか覚えられませんので、意識的に暗記をする必要が有るということです。

①から④までで学習した、、、は、これから古文書の学習を進めていく上で、是非とも暗記してほしい「ひらがな」ばかりです。7回忘れても8回目で覚えていればよいのです。

続けて⑤にいきましょう。

下の文字は「う」ですから、上の文字が何なのか、ということになります。

ここには「ひらがな一覧」を掲げませんので、22ページから探してみてください。そうすると、「こ」のなかに非常によく似たくずし字を見つけることができたのではないですか。つまり、「こう」（「おこうさん」）です。

最後に⑥に挑戦してみましょう。

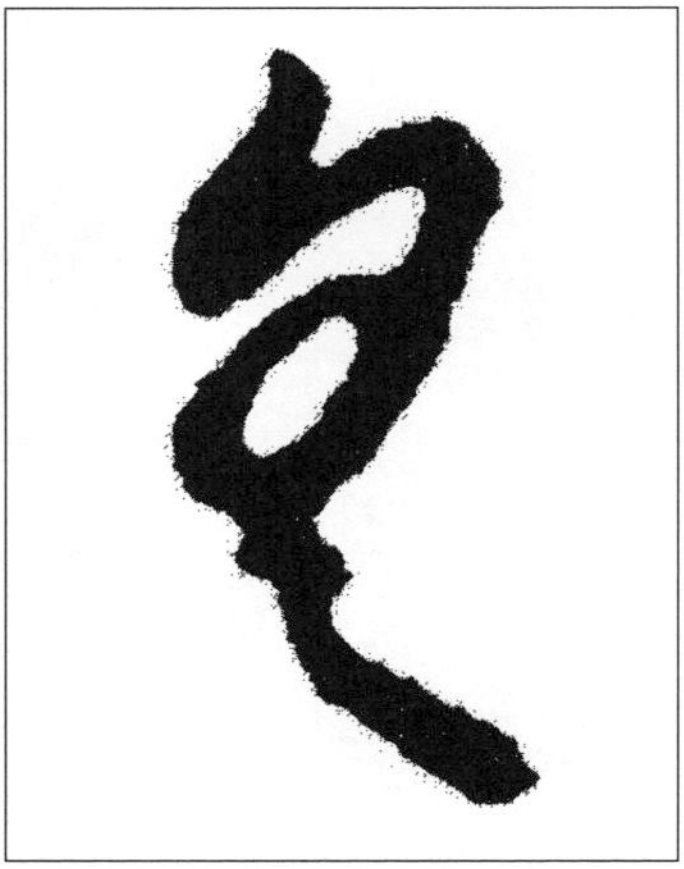

下の文字は「め」ですが、上の文字は、①から⑤までと同様に難しそうです。

「ひらがな一覧」を眺めて見ると、「く」のなかに似たくずし字を見つけられます。

このは「く」。で「くめ」（「おくめさん」）とわかりました。

いかがでしたか。①から⑥までで、

と、6つの「ひらがな」を学習してきました。この6つの「ひらがな」を覚えておくだけで、すべてとは言いませんが、かなりの割合で女性の

名前を読むことができるようになります。
本章の最後に、①から⑥までで取り上げた「ひらがな」の元となっている漢字について記しておきたいと思います。現在使われている「あ」から始まる「ひらがな」の元の漢字は、
安《あ》以《い》宇《う》衣《え》於《お》、加《か》幾《き》久《く》計《け》己《こ》、左《さ》之《し》寸《す》世《せ》曾《そ》、太《た》知《ち》川《つ》天《て》止《と》、奈《な》仁《に》奴《ぬ》禰《ね》乃《の》、
波《は》比《ひ》不《ふ》部《へ》保《ほ》、万《ま》美《み》武《む》女《め》毛《も》、也《や》由《ゆ》与《よ》、良《ら》利《り》留《る》礼《れ》呂《ろ》、和《わ》為《ゐ》恵《ゑ》遠《を》、无《ん》、ですが（「ひらがな一覧」参照）、①「王《わ》」、②「登《と》」、③「春《す》」、④「多《た》」、⑤「古《こ》」、⑥「具《く》」ですので、右の「安」から「无」のなかに該当するものは有りません。元の漢字も知っておくと、「ひらがな」ではなく漢字そのものが出てきた時にも便利ですから、是非覚えておきましょう。

# ひらがな一覧

| な行 | た行 | さ行 | か行 | あ行 | |
|---|---|---|---|---|---|
| 奈 奈 奈 那 | 太 多 堂 多 | 左 左 佐 | 加 可 可 可 | 安 阿 | あ段 |
| 仁 尓 耳 丹 | 知 地 | 之 志 | 幾 幾 支 起 | 以 以 | い段 |
| 奴 怒 | 川 川 徒 津 | 寸 春 須 須 | 久 具 久 | 宇 | う段 |
| 祢 祢 年 | 天 天 亭 | 世 世 勢 | 計 遣 介 希 | 衣 江 | え段 |
| 乃 乃 能 農 | 止 登 | 曽 曽 楚 麁 | 己 古 | 於 於 於 | お段 |

菅野俊輔氏 作成

| わ行 | ら行 | や行 | ま行 | は行 |
|---|---|---|---|---|
| 和 和 王 和 | 良 良 羅 | 也 也 屋 | 万 末 満 満 | ハ 波 盤 者 |
| 井 為 | 里 利 梨 李 | | ミ 美 見 | 飛 比 |
| | 流 留 累 類 | 由 由 遊 | 無 武 | 婦 不 布 |
| 衛 恵 | 礼 礼 連 礼 | | 免 女 | 遍 部 |
| 越 遠 | 路 呂 | 与 与 与 | 毛 毛 裳 茂 | 保 保 本 |

| 合字 |
|---|
| こと |
| より |

| ん |
|---|
| 无 |

コラム①

## 女性名の実際

江戸時代の女性の名前はどのようなものだったのでしょうか。

上州（現在の群馬県）の縁切寺満徳寺へ駆け込んだ女性が112名いますが、これを整理して表にしてみました。これで、女性の名前のおおよその傾向がわかると思います。

女性の名前は「ひらがな」2文字が原則です。一番多かった「たき」は、「お」を付けて、ふだんは「おたきさん」と呼ばれていたのでしょう。名前の多くは縁起がよいもの、実直であること、植物名などのようです。

### 満徳寺駆入女の名前

| 回数 | 女性名 |
|---|---|
| 4 | たき |
| 3 | きよ、なか、ふみ、まさ、まつ |
| 2 | あさ、かね、きく、ぎん、くに、けい、たみ、つね、とめ、とよ、なお、ひさ、ふさ、みゑ、むめ、もと、よし、りん |
| 1 | あ：いく、いし、いせ、いち、いと、いの、いよ、うた、ゑい<br>か：かく、かや、きち、きぬ、くま、こう<br>さ：さか、さつ、さよ、さわ、せき、せん、そよ<br>た：たか、たけ、たつ、たよ、つる、とう、とく、とみ、とも、とら<br>な：なみ<br>は：はち、はつ、はや、ひち、ひて、ふて、べん<br>ま：まき、まん、みき、みち、みつ、みよ、みや、むら、もよ、もん<br>や：やす、よそ、よの<br>ら：りゑ、りそ、りよ<br>わ：わか |

# 第2章　男性の名前を読む——右衛門・左衛門・兵衛・蔵・郎

前章で、「三くだり半」に出てくる女性名を学習しましたが、本章では男性名について学習を進めていくことにします。

まず江戸時代の男性名についてですが、歌舞伎俳優の名前を思い浮かべるとイメージがしやすいと思います。

例えば、中村吉右衛門、片岡仁左衛門、市川海老蔵、坂東八十助、中村勘三郎など、「右衛門」「左衛門」「蔵」「助」「郎」が付いた名前が多く出てきます。「兵衛」（べい・べえ）が付く著名な俳優はいませんが、時代劇には「柳生十兵衛」や「幡随院長兵衛」「井口清兵衛（たそがれ清兵衛）」など「兵衛」の付く主人公がいます。

それでは早速、「右衛門（えもん）」から始めていくことにしましょう。

①

②

③

④

⑤

⑥

右の6つは、すべて「右衛門」と書かれています。この6つは、「右」の形で2つのグループに分けられるのですが、それがわかりますか?

答えは、①②③⑤のグループと、④⑥のグループの２つです。
まず、①②③⑤の「右」部分だけを抜き出してみると、

のようになりますが、見分けるポイントは、

の、丸で囲んだ部分です。同じ部分を④⑥と見比べてみてください。

いかがですか？　「右」のなかに有る「口」の1画目がきちんと書かれていて下におりているのが①②③⑤、おりずに「ひらがな」の「つ」のように筆が右へ流れているのが④⑥です。

第一段階として、まず男性名に出てくる「右」には2つのパターンが有ることを是非覚えてしまいましょう。

続いて、「右衛門」の「衛」を見ていくことにします。「右」の時に掲げたものとは異なる「右衛門」のくずし字を6つ掲げますので、今度は「衛」の形で3つのグループに分けてみてください。

①

②

③

④

⑤

⑥

画数の多い「衛」ですが（16画有ります）、①③④は毛筆とはいえ、その画数の多さを再現した書き方をしています。これを第1グループとします。

②と⑤をよく見てください。「衛」という漢字の名残もまったく無くて、思いっきり簡略化して書かれています。これだけで本当に「衛」なのか

と不安に思ってしまいますが、これも「衛」なのです。これを第2グループとします。

最後に⑥ですが、ここには「衛」が書かれていません。しかし、これを第3グループとします。

第1、第2、第3、それぞれのグループの特徴を、以下にまとめておきました。


第1、画数が多い「衛」

第2、原形が無く簡略化された「衛」

第3、まったく書かれない「衛」


ここで大事なのは、第2と第3、すなわち、

②

⑤

⑥

の、くずし方です。

そこで復習も兼ねて、先ほど「右」のところで見た①から⑥までを、もう一度掲げてみます。

①

②

③

④

⑤

⑥

このなかで、「衛」の第2グループに該当するもの、第3グループに該当するものを考えてみましょう。
どうやら、②と④が第2、⑥が第3グループに該当しそうですが、わ

かりましたか?

「衛」には、「簡略化」と「書かれない」という2つの特徴が有る、特に「書かれない」ことが有る、ということを是非とも覚えておきましょう。

ここまでで、「右」と「衛」のくずし方の違いについて詳しく見てきましたが、続けて「門」について考えたいと思います。

①

②

③

④

⑤

⑥

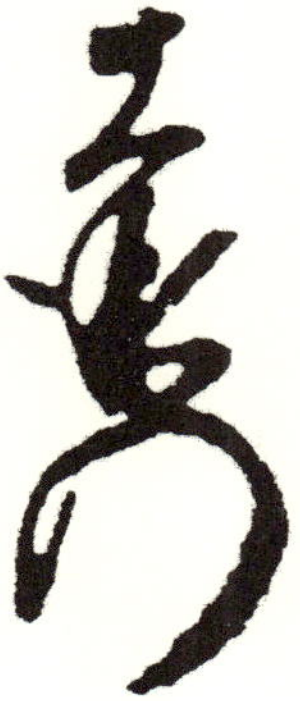

「門」も、くずし方で3つのグループに分けられます。すなわち、①と④、②と⑥、③と⑤の3グループです。それぞれの「門」の形を詳しく見ていきましょう。

まず①と④ですが、

①

④

の、丸を付けた部分に大きな特徴が有ります。つまり、上部が波を打っ

ているという点です。これが第1グループです。

続けて②と⑥は、

②

⑥

と、全体の形が「冂」のようになっている点に特徴が有ります。①や④のように上部は波を打っていません。これが第2グループです。

最後に③と⑤ですが、

③

⑤

と、完全に「ひらがな」の「つ」のように書かれています。これが第3グループです。

第1、第2、第3、それぞれのグループの特徴を、以下にまとめておきました。

第1、上部が波打っている「門」

第2、「冂」のような「門」

第3、「つ」のような「門」

「門」のくずし字は、いずれかが突出しているわけでは無く、同じくらいの割合で出てきますので、それぞれのくずし字をすべて覚えてしまいたいものです。「門」は非常にシンプルで、かつ特徴的な形をしたくずし字ですし、男性名の最後の文字がのようになっていれば、それは「門」と考えても差し支え有りません。

ここまでで、「右衛門」を構成する「右」「衛」「門」のくずし字や、その特徴について一通り見てきました。それらを頭の片隅に置きながら、続けて「左衛門（ざえもん）」の「左」について考えたいと思います。

まず次の6つの「左衛門」を見てください。

①

②

③

④

⑤

⑥

①から⑥までを眺めていて、何か気付いたことは有りませんか?

そう、「左」のくずし方が、程度の差こそあれ、皆同じ特徴を持っているということです。まず、それぞれの「左」だけを抜き出してみます。

先ほど見た「右」とは違い、「ナ」に続く部分がすべて右上に跳ね上がっています。

すなわち、

の丸印をした部分です。

27ページに掲げた「右」のくずし字を、もう一度掲げてみます。

こうして2つを見比べてみると「右」と「左」の違いは、歴然としています。実は、右上への跳ね上がりが有るか無いかで、男性名に使われた時の「右」と「左」は簡単に見分けることができるのです。

ちなみに「左」に続けて書かれている「衛」ですが、

を見ればわかるように、先ほど述べた３つの特徴（画数が多い、簡略化、書かれない）がそのままそっくり当てはまることがわかります。つまり、「右」でも「左」でも「衛」のくずし方に違いは無いということです。「門」も同様で、くずし方に違いは有りません。

「右衛門」と「左衛門」については理解できましたか？

最後に、「右衛門」と「左衛門」がきちんと見分けられるか、復習しておきましょう。

①

②

③

④

⑤

⑥

⑦

⑧

⑨

⑩

⑪

⑫

⑬

⑭

どれが、「右衛門」で、どれが「左衛門」でしょうか？

①④⑤⑨⑩⑫⑭が「右衛門」、②③⑥⑦⑧⑪⑬が「左衛門」です。⑦と⑫が難しいですが、「右衛門」も「左衛門」も、結局は「右」と「左」が見分けられるか、が大きなポイントとなります。

実は、男性名のなかに「右」か「左」のいずれかが書かれていることがわかれば、そのあとにはほぼ間違いなく「衛門」が続けて書かれています。それは、これまで学習してきた「衛」や「門」の、それぞれのくずし字が持つ特徴、くずし方、に関係無く、です。しかし、例外が絶対に無い、というわけではありませんので、「衛」や「門」のくずし字の特徴は知っておく必要が有ります。

「右衛門」と「左衛門」の次は、「兵衛（べい・へい）」を取り上げてみたいと思います。

まずは、左の①から⑥までを見てください。

①

②

③

④

⑤

⑥

「右衛門」「左衛門」の時と同様に、いくつかのグループに分けてみましょう。目を凝らして、くずし字を見てください。

まずは「兵」の仕分けです。

「兵」は、①、③④⑥、②⑤の3つに分けられるのですが、わかりましたか？

①は、ほぼ「兵」の形そのままのくずし方です。これは納得できそうです。

③④⑥は、それぞれ、、で、これが「兵」の代表的なくずし方です。

②、⑤が、ここで一番覚えてほしいくずし方の「兵」です。

②も⑤も、1字だけ見ると漢数字の「三」と間違えてしまいそうですが、先ほど学習した画数が多い「衛」が下に書かれていますので、「兵」で有ると特定することができるのです。この点は後述します。

①から⑥までの「兵衛」とは別の「兵衛」を、⑦から⑫として以下に掲げてみます。「衛」の仕分けです。

⑦

⑧

⑨

⑩

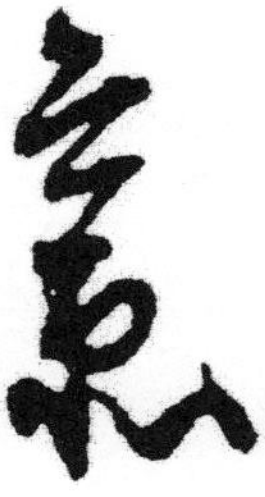

⑪

⑫

「衛」は、そのくずし方で２つのグループに分けられます。すなわち、⑦⑨⑫と⑧⑩⑪の２つです。

先ほど掲げた、①、②、③、④、⑤、⑥の「兵衛」とも合わせて見比べると、ある特徴に気が付くのではないですか？

それは、「衛」がすべて、30ページに挙げた、〝画数が多い「衛」〟に該当する、ということです。

このことが何を示しているのかと言いますと、〝画数が多い「衛」〟が男性名の一番下に書かれている場合には、その上に書かれている文字は、十中八九「兵」で有るという事実です。「兵」がどのようなくずされ方をしていても、です。

「右」「左」「衛」の形に注目することで、「右衛門」も「左衛門」も「兵衛」も、それほどの困難を伴わずに見分けられることがわかってきました。このようなルールをちょっと覚えておくだけで、くずし字を読む力はグッと伸びていきます。「右衛門」「左衛門」「兵衛」は、〝男性名の御三家〟とも呼べるほど、古文書にはよく出てきます。

続いて学習する男性名は、「蔵（ぞう）」です。以下に、「蔵」を含んだ男性名のくずし字を6つ掲げてみます。

①

②

③

④

⑤

⑥

①から⑥までの「蔵」を、そのくずし方で3つに分けてみましょう。
じっと目を凝らしてください。

①と⑤、②と③、④と⑥に分けられるのですが、納得できますか？　ちなみに読み方は、①富蔵、②久蔵、③文蔵、④民蔵、⑤忠蔵、⑥金蔵、です。ここでは「蔵」だけに絞っていきます。

①と⑤は、画数が多い「蔵」で、楷書に近い最も読みやすい形です。

②と③、④と⑥については、以下にもう一度掲げてみます。

② 　③ ／④ 　⑥ 

それぞれ丸を付した部分に注目してください。②と⑤は上へ、④と⑥は下へ筆が流れていることに気が付きましたか？　また、それ以外の部分がほとんど同じ形をしていることが理解できましたか？　この２つのパターンさえ覚えてしまえば、ほぼすべての「蔵」が読めるようになりますので、頑張って暗記してしまいましょう。

男性名の最後に「郎（ろう）」を取り上げます。「右衛門」「左衛門」「兵衛」とは違って、現代の男性名にも多く使われている「郎」ですが、江戸時代にはどのようなくずし字が書かれていたのでしょうか。これまでと同じように6つの「郎」を掲げてみます。

①

②

③

④

⑤

⑥

①は多三郎、②は傳三郎、③は藤十郎、④は弥九郎、⑤は孫太郎、⑥は喜三郎、と書かれています。ここでは「郎」だけに注目して、「郎」を2つのグループに分けてみましょう。

第1のグループは、③④⑤です。残りの番号と比べると一目瞭然ですが、画数が多い点、くずし字の右側に「阝」か「卩」に似たくずし字がしっかりと書かれている点が特徴です。「郎」だけを抜き出すと、

③

④

⑤

次いで第2のグループは①②⑥です。「郎」は、この①②⑥のパターンさえ覚えてしまえれば鬼に金棒です。こちらも「郎」だけを抜き出すと、

①

②

⑥

②は、①や③と違って右脇に「丶」が打たれていませんが、これも「郎」で、同じグループだと考えて構いません。

ところで、「郎」が少し厄介なのは、①から⑥のように名前の最後に付されるだけでは無くて、次の⑦から⑩のように名前の途中にも書かれることが有る、という点です。

⑦

⑧

⑨

⑩

読み方は、⑦三郎右衛門、⑧七郎左衛門、⑨重郎兵衛、⑩八郎五郎、です。先に学習した「右衛門」「左衛門」「兵衛」はわかりましたか？　このように、「郎」は「右衛門」「左衛門」「兵衛」などと一緒に出てくるのです。

男性名には、ほかにも「吉」「助」「介」「次」「治」「三」「六」「七」「八」などが付くものも有りますが（例えば、これらの漢字の上に「孫」を付けてみてください）、本章では特に重要な「右衛門」「左衛門」「兵衛」「蔵」「郎」に絞りました。

なお、本来は「右衛門」「左衛門」「兵衛」「蔵」「郎」の上に1字か2字の漢字を付けなければ、正式な男性名にはなりません。「蔵」と「郎」の箇所で挙げた「忠」「文」「伝」「孫」などのことですが、それらを一般的に「名頭（ながしら）」と言います。

名頭に該当する漢字は、あまりにも数が多すぎるので、本書では1つを取り上げることはしません。本書の段階では、まだ学習する必要が無い、という判断からです。

## コラム②

# 「深厚之宿縁浅薄」――満徳寺離縁状の模倣

江戸の離婚と言えば、縁切寺が想い起こされます。縁切寺は「駆け込み寺」とも「駆け入り寺」とも言い、相模国（現在の神奈川県）鎌倉の東慶寺と上野国（現在の群馬県）の徳川満徳寺の2つしか存在しませんでした。しかも妻の寺院への駆け込みを受け容れて、夫の離婚拒否に対して最終的に国家権力（寺社奉行）が離婚を強制するという、このようなアジール（避難所）としての縁切寺があったのは日本だけでしたから、鎌倉の東慶寺と上州の徳川満徳寺は、世界に2つの縁切寺だったのです。その満徳寺における離婚では、三くだり半は必ず独特の書式に則って書かれましたので、これを「満徳寺離縁状」と言います。次ページに掲げた三くだり半は、下野国足利郡名草村（現在の栃木県足利市）の「きく」が駆け込み、夫・国治郎から貰ったものです。解読文は下段に配置しておきました。

冒頭の「深厚宿縁浅薄之事」は「しんこうのしゅくえんせんぱくのこと」と読み、深く厚かるべき宿縁が浅く薄かったから離婚したことを意味します。つまり「縁が薄かった」ことが離婚理由です。そして、それは「不レ有レ私」（わたくしにあらず）。私（夫）の一方的怨恨もしくは利害によるものではなく、結局は人知の及ばないこととしています。夫婦双方に責めを帰せず、とりわけ妻の有責性に触れませんので、三くだり半の文句としてふさわしいと考えられ、周辺のかなり広範囲な地域に、そのままではなく「深厚之宿縁薄」「親孝（深厚）宿縁薄」などと模倣されて流布しました。離婚理由で言えば第4位に当たる言葉でした（第1位以下については、138・139ページのコラムをご覧ください）。

なお、後半の「後日雖二他江嫁一、一言違乱無レ之」は「ごじつ、たへかすといえども、いちごんいらんこれなし」と読みます。

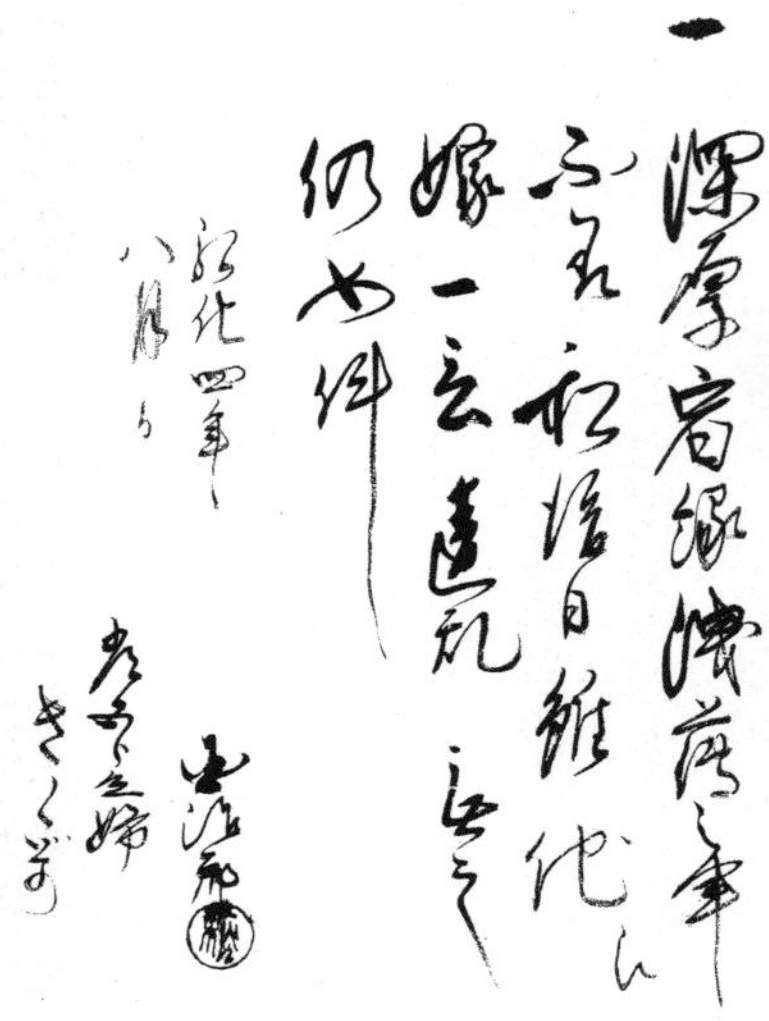

離別一札之事

一、深厚宿縁洩（浅）薄之事、

不レ有レ私、後日雖二他江

嫁一、一言違乱無レ之、

仍如レ件

弘化四年

八月日　国治郎㊞

常五郎殿姉

きくどの

# 第2部

# 決まり文句を覚えよう

# 第3章　三くだり半に付けられたタイトル

第2部では、三くだり半のなかに出てくる「決まり文句」について学習したいと思います。まず本章では、三くだり半にはどのようなタイトル（表題）が付けられていたのかを確認しながら、タイトルに書かれた文字を1字ずつ学んでいきましょう。

ところで、江戸時代の一般的な古文書には、大きく分けて「状物」（一紙物）と「冊子物」（簿冊）が有り、「冊子物」のなかには「縦冊」「横冊」「横半冊」が有ります。「状物」であれば、紙の右側（「端」と言います）に、「冊子物」であれば表紙に当たる部分にタイトルが付けられています（古文書の形状については、次ページの図を参照してください）。

三くだり半は、右の分類のなかでは「状物」に該当します。つまり、

# 古文書の形状

〈状物（一紙物）〉

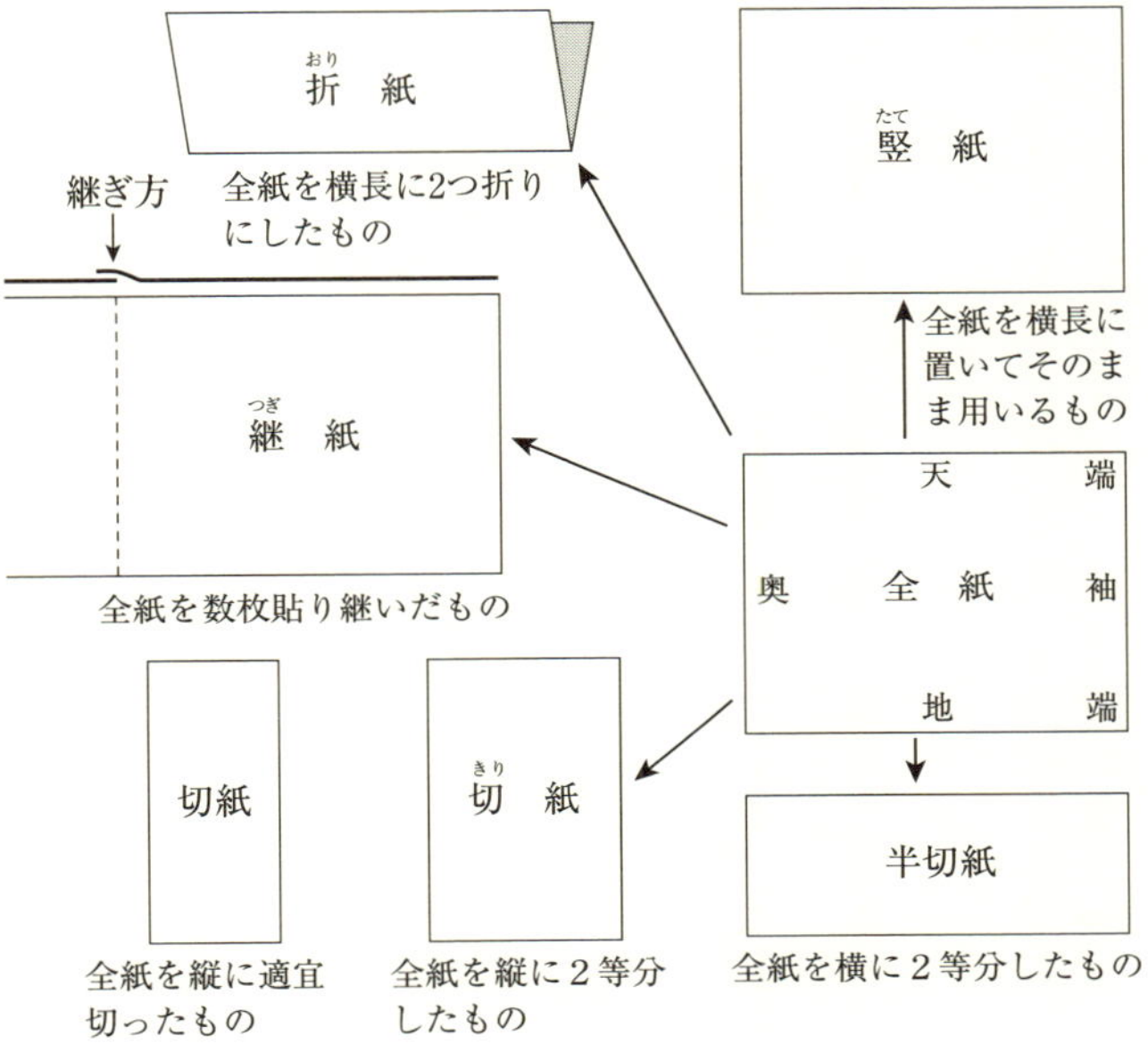
折《おり》　紙
全紙を横長に2つ折り
にしたもの
竪《たて》　紙
全紙を横長に
置いてそのま
ま用いるもの
継ぎ方
継《つぎ》　紙
全紙を数枚貼り継いだもの
天
端
奥
全　紙
袖
地
端
切紙
全紙を縦に適宜
切ったもの
切《きり》　紙
全紙を縦に２等分
したもの
半切紙
全紙を横に２等分したもの

〈冊子物（簿冊）〉

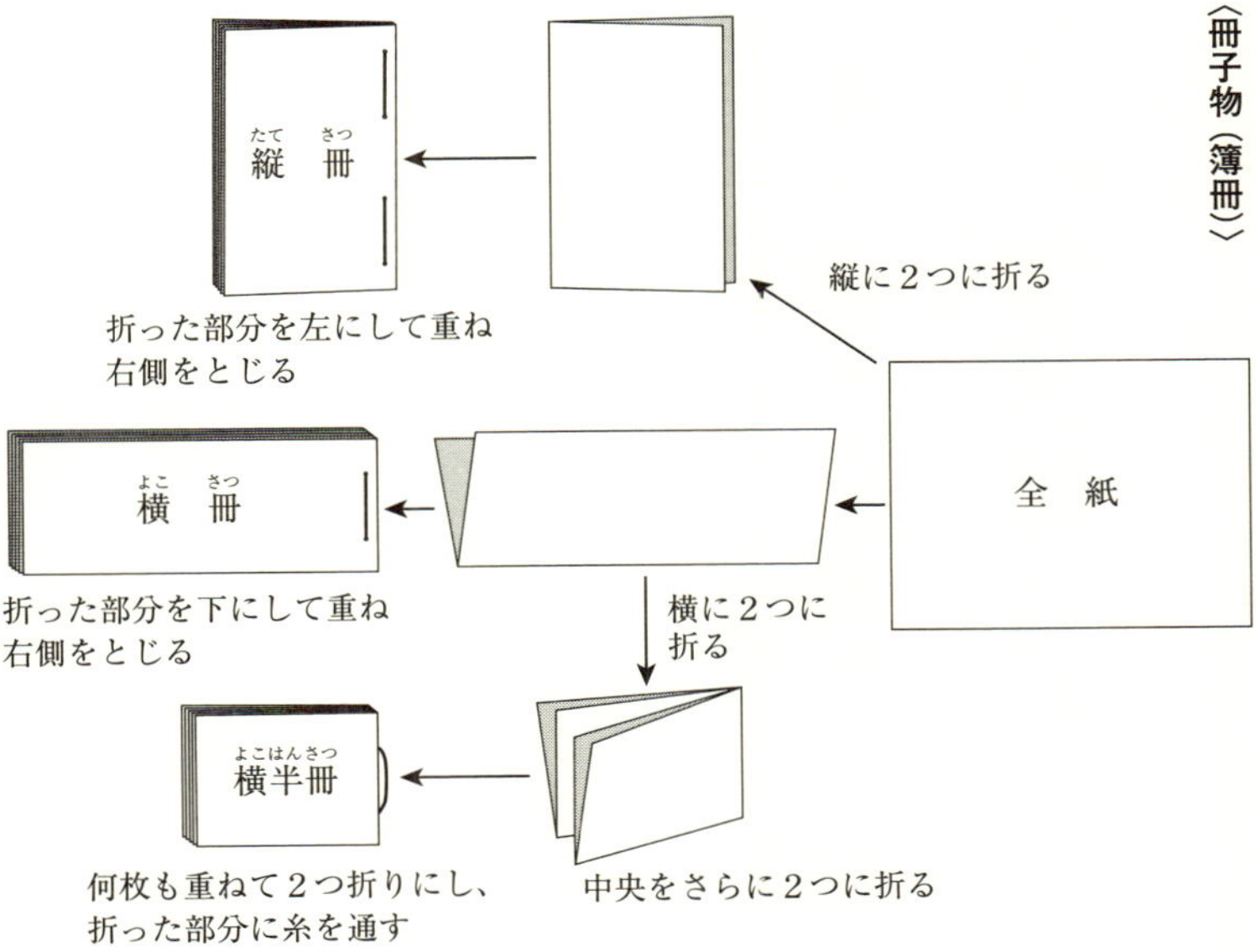
縦《たて》　冊《さつ》
折った部分を左にして重ね
右側をとじる
縦に２つに折る
全　紙
横《よこ》　冊《さつ》
折った部分を下にして重ね
右側をとじる
横に２つに
折る
横半冊《よこはんさつ》
何枚も重ねて２つ折りにし、
折った部分に糸を通す
中央をさらに２つに折る

1枚の紙、に書かれているということです。
では早速、三くだり半のタイトルを掲げていきましょう。

①

三くだり半に限らず、ほかの古文書でもよく使われているタイトルです。の部分が「⺍」、の部分が「見」、2つを合わせて「覚」となりました。つまり、「覚え書き」のことです。「覚」にはほかに、

②

③

④

⑤

といったくずし方が有ります。②には「覚」の旧字体「覺」のくずし字が書かれていて、③は①の「覚」と大差が有りません。それゆえ、①④⑤の形さえ覚えておけば対応することができます。

次は何と読むでしょうか？

①

これも、三くだり半に限らず古文書でよく使われているタイトルです。ここには「一札之事」と書かれていて、「いっさつのこと」と読みます。つまり、が「一」で、次のが「札」です。通常、「一」も「札」もほとんど楷書のように書かれますので、くずし字の知識が無くても読めます。「一札」は「一通の証書や証文」と言った意味です。

ここでしっかりと覚えておきたいのは、「一札」に続けてと書かれている「之」と、と書かれている「事」です。この「之事」だけは、書き手によってくずし方がさまざまですので、以下にその例を2つ掲げておきます。

②

③

②③ともに、「一札」は読めそうです。しかし、「之」については、

①

②

③

と、①②③ともに形が異なっていることがわかります。

「之」はタイトルだけではなく、古文書の本文中にもたくさん出てきます。まずは①、②、③、の3つを覚えておきましょう。

続いて「事」ですが、

①

②

③

と、それぞれくずし方にははっきりとした違いが見られます。ここでは、②と③の2つを覚えてしまえれば、ほとんどの「事」が読めるようになります。

今まで見てきた「一札之事」は、それ単独でもタイトルとして通用しますが、三くだり半ならではの言葉のあとに続けて「○○一札之事」とか、「〇〇〇一札之事」と書かれたタイトルも有ります。
次のタイトルを見てください。

「離」と「縁」で「離縁」となり、三くだり半には最適の表現です。は、旁の「隹」が解読のための判断材料になりますが、ここで一番大事なのは、上に掲げた「縁」のなかに有る「糸へん」です。

糸へんには、代表的なくずし方が

2つ有り、その2つを覚えてしまえば、ほぼすべての糸へんが読めるようになります。上に掲げた2つの糸へんを見比べてみると、形はまったく違いますが、どちらも糸へんなのです。

次はどうでしょうか。

「離」は、前ページで見たものとほとんど変わりませんが、下の字は何でしょう。解読の目安になるのはの旁部分「刂」（りっ

とう）です。柏書房から刊行されている『入門古文書小字典』のなかから、「刂」が含まれる漢字のいくつかを上段に掲げてみました。このなかから同じ形をした漢字を探してみてください。

探し当てられましたか。に似た漢字は「別」だとわかりました。で「離別」。これも三くだり半のタイトルとして、しっくりとくる言葉です。「離別一札之事」（りべついっさつのこと）と書かれていました。

第1章で「ひらがな一覧」を使って文字を特定したように、古文書の

場合にも、市販の『漢和辞典』のように部首別にくずし字が配列された字典が刊行されています。それゆえ、目安となる部首から、目当ての漢字を探し出すことが可能です。上段には、先ほどの糸へんの漢字をいくつか並べておきましたので、「縁」も含めて糸へんのほかの漢字を見ておいてください。「納」や「組」が、よく出てくる糸へんの漢字です。

「一札之事」を含んだタイトルはここまでとし、次は「一札」という言葉が入っていない三くだり半のタイトルを2つ掲げます。

どちらもを除けば、すでに学習済みの漢字だけで構成されています。すなわち、「離」、「縁」、「別」、・「之」、・「事」です。それではは何と読むのでしょうか。

解読の目安になるのは、旁のです。これは「大」の右脇に「、」を打っているように見えますので、「犬」ではないかと推測ができます。

ですから、「犬」が右側に配置される漢字を考えていけばよいのです。

そのような漢字は有るのでしょうか。『漢和辞典』をめくってみると、「犬」は部首として配列されていました。そのなかで「犬」が右側に配置されていて、かつ比較的よく目にする漢字は、「状」「獣」「献」の3つしか有りません。「離縁状」「離縁獣」「離縁献」と並べた時に、一番言葉が落ち着くものが目当ての漢字ということになります。答えは「状」で、「離縁状之事」(りえんじょうのこと)、「離別状之事」(りべつじょうのこと)でした。

先ほど「比較的よく目にする漢字」と書きました。江戸時代の古文書に出てくる漢字なのだから、さぞかし難しい、現代の私たちが使わないような漢字がたくさん出てくるのではないか、と思っている方も、なかにはいるかもしれません。しかし、当時の庶民が残した文書に書かれている漢字のほとんどは、私たちが高校生くらいまでに習ったことの有る漢字ばかりです。もちろん、毛筆で、くずして書かれていますから、一筋縄ではいかないことは間違いないのですが……。ともあれ、活字に直した時に、見たことのない漢字になることは、まず有りません。

気を取り直して、ほかのタイトルも見てみましょう。

非常にきれいに書かれています。初めて見る漢字はですが、これは素直に「去」と読めそうです。「去状之事」（さりじょうのこと）でよいでしょうか。

次のタイトルはいかがでしょうか。

が「状」、が「一札」、は問題なく読めたと思いますが、が難しそうです。右ページのと、このとを見比べてみてください。よく見ると、この2つは筆の動き（運筆）が同じことがわかります。2本目の横棒の長さや角度、「ム」部分の大きさの違いが、別々の漢字のように見せてしまっているのです。つまりこのは「去」であり、「去状一札」（さりじょういっさつ）と書かれています。ついでに「去」の典型的なくずし字を5つ掲げておきます。

【去】

本章の最後に、もう1つだけタイトルを読んでおきたいと思います。

最後の2字だけは、「之事」と読めそうですが、残りはすべて初めての文字ばかりです。はいったい何でしょうか。は？の右下から続いているは何と読むのでしょうか。

こののなかで、先ほど読んだ「之事」以外では、その上の2字が読めるような気がしませんか？ 現在の漢字に非常に近い形をしていますし、書き順も同じです。が「書」で、が「阝」に「付」で「附」。「書附」です。この「書

附」は「一札」とも置き換えられます。言葉が違うだけで意味は同じです。このように、くずし字を読む時には「読めそうな文字から読む」が鉄則です。

「書附之事」と、下の4字はわかりましたが、肝心の上の文字がまだわかりません。どうすれば読めるのでしょうか。

実は、一番上の以外の文字は、形そのものを暗記してしまうしかない、「理詰めでは納得できない」文字です。しかもとの2つは、江戸時代の古文書を代表する大事なくずし字でも有ります。

は、「出」。は「申」です。上段に「出」と「申」のくずし方の例を掲げておきました。特に「出」にはたくさんのくずし方が有りますので、新しいくずし字の文字に出会うたびに、

頭のなかへ形を焼き付けておきましょう。
「出」の右下から伸びている文字は、波を打っている部分のが「ミ」、が「ノ」と判断して、カタカナの「シ」としておきます。「出シ」です。

出シ申書附之事、まで読み終えました。ここまで答えが埋まっていても、がなかなか思い浮かびません。

先ほど、一番上の以外の文字は、形そのものを暗記しなければならないと書きましたが、実はは暗記しなくても読む方法が有るのです（理詰めで納得できる）。の部分に注目してください。この形をどこかで見たことが有りませんか？　そう、第2章の男性名のところで見ているはずなのです。

右上に跳ね上がっている特徴的な「左」のくずし字と、形がそっくりでは有りませんか。漢字というのは、複数の部品が組み合わさってできています。例えば「續」という漢字ですが、これは「糸」「士」「四」「貝」という4つの漢字の組み合わせです。古文書に出てくるくずし字も、毛筆で書かれているという違いが有るだけで、部品が同じであれば同じくずれ方をします。前ページで見た「出」ですが、例えば「堀」のなかには「出」が有りますので、くずし字はとなり、がしっかりと「尸」のなかに書かれているのです。

本題に戻ります。「左」に似ているということなので、「左」と同じ部首の可能性を、まず疑ってみます。「左」は「工」という部首の漢字ですから、『漢和辞典』を引いてみると、ほかに「工」「巧」「巫」「差」の4文字が載っています。これらは「比較的よく目にする漢字」に該当します。続いて柏書房の『入門古文書小字典』を引いてみると、「左」と「差」

だけが載っています。
「差」のくずし字の例を見てみると、

【差】

まさにぴったりのくずし字が有ることがわかります。が「差」だと確定できた瞬間です。

は「差出シ申書附之事」（さしだしもうす、かきつけのこと）と書かれていたのでした。

この「差出申」という書き始めを持つタイトルは、三くだり半以外でも目にする機会が非常に多いです。「差」「出」「申」それぞれのくずし方の事例を掲げて有りますので、何度も何度も見返して、形そのものを覚えてしまいましょう。ほかにも、「之」「事」「糸へん」は、さまざまに応用が利く漢字ですから、併せて暗記しておくことをお勧めします。

三くだり半のタイトルには、ほかにも「相渡申離縁状之事」（あいわたしもうす、りえんじょうのこと）、「暇状之事」（いとまじょうのこと）、「隙状之事」（ひまじょうのこと）、「りえん状」（りえんじょう）、「口上」（こうじょう）、などが有ります。タイトルが書かれていない三くだり半も、たくさん有ります。

次ページに、さまざまな三くだり半のタイトルや、その地域性などについてコラムを設けて有りますので、是非ご一読ください。

コラム③

# 三くだり半のタイトルあれこれ

実例1000通の三くだり半について、タイトル（表題）を調べると、「一札之事」（いっさつのこと）が159通と一番多く、これに「差出申一札之事」（さしだしもうすいっさつのこと）が40通、表題の無いものが22通、「一札」（いっさつ）が20通など、離縁の語句を含まないタイトルが272通になりました。全体の30％近い数字です。

一般的な古文書のタイトルには「一札之事」と書かれていることが多いので、その傾向がそのまま三くだり半にも用いられたものと言えるでしょう。

それでは、「離縁」の語句を含む三くだり半ではどうでしょうか。「一札之事」に次いで多い順に挙げますと、「離縁状之事」（りえんじょうのこと）が145通、「離別一札之事」（りべついっさつのこと）が108通、「離別状之事」（りべつじょうのこと）が75通、「離縁一札之事」（りえんいっさつのこと）が66通、「去状之事」（さりじょうのこと）が56通、「暇状之事」（いとまじょうのこと）が43通となっています。

「離縁」・「離別」をタイトルに含む三くだり半が合わせて553通と、全体の55％を占めており、三くだり半については「離縁状」・「離別状」が一般的な呼び名であったことがわか

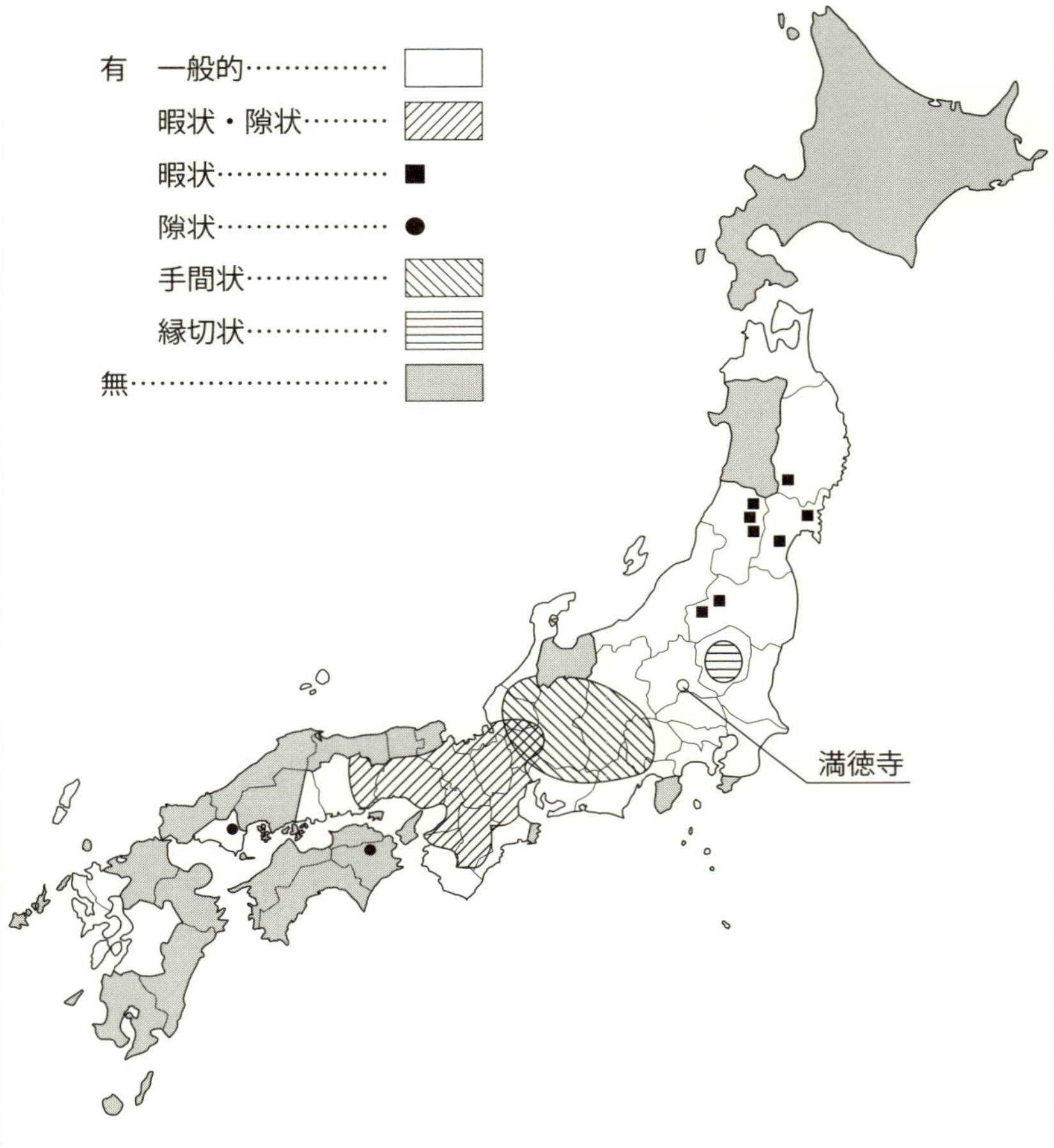


三くだり半の有無とタイトル別の分布

ります。これに「去状」を合わせて、全国的に用いられていました。しかし、三くだり半を用いなかった地域があったり、「暇状」・「隙状」・「手間状」・「縁切状」などのタイトルが地域限定で用いられていました。

三くだり半の有無について、その分布の様子を地図に落とし込んでみました。なお、関西にしか無かった「暇状」が、東北地方からいくつか見出されています。日本海経由で持ち込まれたものと思われます。

# 第4章　決まった場所には決まった言葉

前章では、三くだり半のタイトルについて学習してきました。古文書を読む上で、いくつかの大事な漢字も出てきましたが、本章では三くだり半のなかに出てくる〝決まり文句〟について学習していきたいと思います。

まず、三くだり半のなかで最も大切な文句の一部を掲げます。

「ひらがな」と漢字が混じっている文章ですが、特に手ほどきをしな

くても、半分以上は読めたのではないでしょうか。早速、読めそうな文字から埋めていきましょう。

上から、「い」、「づ」、「ん」、「付」、「と」、「も」の6字はいけそうですか。いづん付とも。これではさっぱり意味がわかりませんので、残りの文字について考えてみましょう。

まずですが、筆の動き（運筆）をよく見ると「方」だと判読可能です。次のですが、の部分が何かがわかれば答えにたどり着けそうです。のように、すっと線が下におりている場合は、たいてい「イ」（にんべん）か「彳」（ぎょうにんべん）、「氵」（さんずい）のことが多いです。旁の部分は、「左」や「差」の時と同様に、右上に跳ね上がっているように見えますので、これを「工」と判断します。2つを組み合わせると「仜」か「江」となるのですが、「仜」という漢字は有り

ませんので、は「江」だと確定できます。いづは、「いづ方江」（いずかたへ）だとわかりました。

次のは、下に「ん」が続きますので、「ひらがな」ではないかと推測して23ページの「ひらがな一覧」を眺めてみると、似た形の「ひらがな」が有ることがわかります。「わ行」の「ゑ」です。「ゑ」の元の漢字は「恵」。実はの部分が「心」の代表的なくずし方で、確かに「恵」には「心」が含まれています。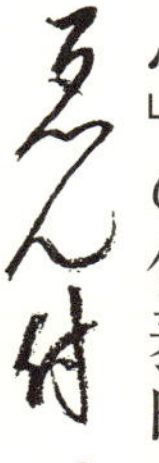で「ゑん付」＝「縁付」ということです。いづ方江ゑん付とも、までわかりました。残りは、あと1字だけです。

この1字こそが、江戸時代の古文書を象徴するナンバー1の漢字です。原形をとどめず、理詰めでは

納得できない文字でも有りますが、本書で一番覚えてほしい形の漢字です。答えは「候」。

このは非常に汎用性が高いですので、全国津々浦々、どこの古文書を読む時にでも役に立ちます。

は、「いづ方江ゑん付候とも」（いづかたへ、ゑんづきそうろうとも＝何方へ縁付候とも）だとわかりました。

次に、右とまったく同じ言い回しの、別の書き方のものを掲げます。

まずを、左のと右のに分解してみましょう。前章で、漢字は複数の部品が組み合わさってできている、と述べましたが、くずし

字を解読するためには、漢字を左右に分けたり、上下に分けたりして、認識できる部品を探す作業が大変有効です。ここではが「イ」（にんべん）だとすぐにわかりますから、たとえ旁のが読めなくても、古文書字典で「人」の部首の漢字を探せば、答えにたどり着くことは可能です。もっとも、このは、の漢字の部品としてよりも、単独で使われることのほうが多い大事な漢字ですので、ここで覚えてしまいましょう。答えは「可」。単独では「べき」「べし」などと読み、「可申」のように下から上へ返って読ませることがほとんどです。「イ」と「可」を付けては「何」だとわかりました。

は80ページのと筆の運びが同じですから「方」。で「何方」（いずかた）です。

のように、極端に画数の少ないものは、まず「ひらがな」を疑ってみてください。それでだいたい当たっていることが多いです。「ひら

がな一覧」（22・23ページ）で同じ形を探してみると、は「へ」だとわかります。「何方へ」（いずかたへ）です。先ほどは「いづ方江」でしたが、読み方はまったく同じです。

はどこかで見たことが有ります。そう、第3章で学習した三くだり半のタイトルのなかに有りました。の「糸へん」もきれいに書かれています。は「縁」でした。次のは先ほども出てきた「付」。「イ」（にんべん）をしっかりと覚えておきましょう。で「縁付」（えんづき）です。

次のは、81ページに大きく掲げた「候」と同じに見えますか？

最後のは本書では初めて出てきました。これで「共」と読みます。このが最も基本的なくずし方で

す。「候」とセットで使われることが多い大事な漢字ですが、これも形そのものを覚えてしまうしか有りません。また、多くのくずし方が有りますので、事例を掲げておきました。

 は、「何方へ縁付候共」（いずかたへ縁付きそうろうとも）です。

続けて、違う文句も見てみましょう。

最初のは、先ほど見たと同じ「何」で大丈夫でしょうか。

〝決まり文句〟を学習していますので、「何」と来れば「方」で「何方」（いずかた）となります。

を飛ばして、を先に見ておきましょう。はもうお馴染みとなった「縁」です。これまでは「縁付」と「付」が続いたのですが、偏も旁も「付」では無さそうです。しかし「縁」と同じ「糸へん」が書かれていることに気が付けば、答えにたどり着けそうです。65ページに掲げた「糸へん」の主要漢字を見てください。は旁が「且」となっている「組」だとわかりました。「縁組」（えんぐみ）です。は、どちらも主要漢字である「候共」ですが、「候」はもう身に付きましたか。 で「縁組候共」（えんぐみそうろうとも）です。

最後まで残しておいたですが、これは文字なのでしょうか？ 強いて言えば「ひらがな」の範疇に入るのですが、「よ」と「り」の2つ

を合体させた「合字」だと言われています（「ひらがな一覧」にも載せて有ります）。読み方は「より」です。三くだり半に限らず、江戸時代の古文書にはたくさん出てきますので、形を丸ごと覚えてしまいましょう。

は、「何方ゟ縁組候共」（いずかたよりえんぐみそうろうとも）でした。

どんどん〝決まり文句〟を見ていきます。

は少し右肩上がりになっていますが、「何」と判断できましたか。

ここまではすべて「何方（いづ方）」でしたが、どう見ても「方」には見えません。何は少し後回しにして、から先に見ていきま

す。太くて読みづらいかもしれませんが、どちらもきちんとした偏が書かれています。「糸」と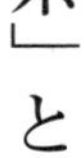「イ」です。いままでのパターンからすると、この組み合わせは「縁付」となるはずなのですが、これもどうやら「縁付」で大丈夫そうです。

「付」のあとにが続いていますが、これは1字なのか2字なのか悩ましいところです。最後の2字が「とも」ですので、決まり文句ということから判断すれば、「とも」の上には「候」が来なければなりません。のなかで「候」はの部分ですから、このには「候」以外の別の文字が含まれていると考えた方がよさそうです。目を凝らして見てみるとわかりますが、第3章ですでに同じ形のくずし字を学んでいました（「差出申」）。は「申候」（もうしそうろう）と書かれているのです。

最後にを解決しなければなりません。これまでに「いづ方江」「何

方へ」「何方〻」と有りましたが、くずし字を見る限りでは「江」でも「〻」でもなく、は「へ」と読めそうです。

には大きな判読ポイントが有ります。首に当たるのですが、本書では初登場です。の部分です。これが部首の漢字は非常に数が多く、古文書にもたくさん登場しますので、是非覚えてしまいたいものです。

くずし字にが出てきたら、「辶」か「廴」のいずれかで、圧倒的に「辶」のことが多いです。「何」の熟語で下に「辶」が付くものは、江戸時代の古文書では「連」しか有りません。

「何連」でどのように読むのでしょうか。これまでは「何方」を「いずかた」と読んできましたが、「いずれん」では日本語としてもおかしいです。23ページの「ひらがな一覧」を見てください。「れ」のところに「連」が書かれているのがわかりますか？ 「連」は「れ」と読む「ひらがな」としての側面もあったのです。「何」との熟語で「何れ」（いずれ）が頻出します。

は、「何れへ縁付申候とも」（いずれへえんづきもうしそうろうとも）でした。

次は少し難しいですが、頑張って読んでみましょう。

は「何方へ」（いずかたへ）と読めそうです。

は偏と旁に分けると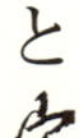と。が「女」へんの基本の形で、は「家」と読めそうですから、「女」と「家」を合わせて「嫁」。は「入」でいけそうです。で「嫁入」（よめいり）です。は「又」と読めますが、は何でしょうか。初登場の文字です。左右にも上下にも分けられそうも無いこの字は、形ごと丸暗記してください。これは「ひらがな」の「は」で、元の漢字は「者」。「ひらがな一覧」にも似たくずし字が出ています。上に掲げたこの形が基本形で、

助詞の「は」として古文書に頻出する大事な文字です。皆さんは、街中に有るお蕎麦屋さんの暖簾に抜かれた「生そば」の文字を見たことが有ると思いますが、その「ば」は、がくずれたものです。で「又

は」（または）。
次のは、若い世代の方は活字を見ても読めないかもしれません。現在は「婿」という漢字が通用していて、『漢和辞典』に載っていないことも有るからです。は、上に「知」、下に「耳」が書かれている「聟」（むこ）です。江戸時代の古文書には、逆に「婿」の方はほとんど出てきません。
は久しぶりの登場です。第1章の女性名の時に学習したのですが、覚えていますか？ は「と」、元の漢字は「登」でした。次のは「り」ですからで「とり」＝「取」です。「り」の右下に有るは何でしょうか。難しそうなので、先にから読みましょう。はこれまでに何度か出てきた「共」で大丈夫でしょうか。85ページの「共」の一覧を見ておいてください。
ここも決まり文句ですので、「共」の上には必然的に「候」が来るは

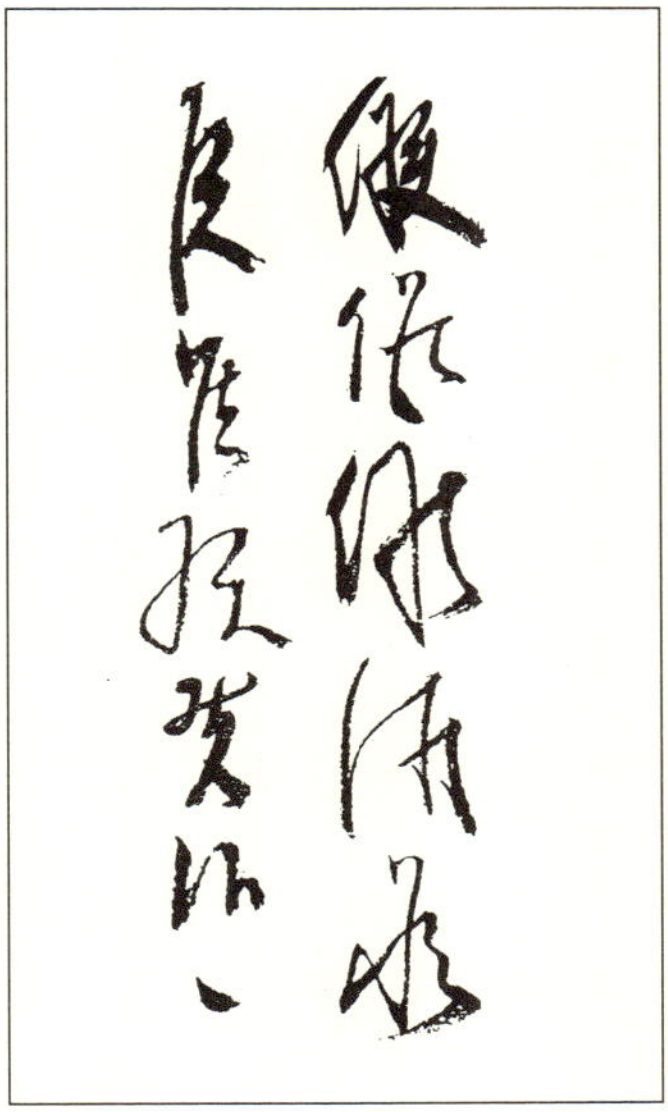

ずです。しかし、これまでに見てきた「候」とはまったく形が違います。は「候」なのでしょうか？

上段に「候」のくずし字一覧を掲げましたが、左列の下から2番目が古文書界ナンバー1の「候」です。

そして左列の一番下に有るのが、古文書界ナンバー2の「候」で、まさになのです。「候」は古文書に頻出するために、簡略化の度合いが増し、最終的には点だけで「候」を表すことも多くなりました。このような例は、ほかにも「御」や「被」などの漢字でも見ることができます。「候」も含めて共通しているのは、頻出すること、画数が多いこと、と言えるでしょう。

これまで一緒に読んできた〝決まり文句〟について、まとめておきましょう。

①「いづ方江ゑん付候とも」

②「何方へ縁付候共」

③「何方ゟ縁組候共」

④「何れへ縁付申候とも」

⑤「何方へ嫁入又は聟とり候共」

以上、5つの〝決まり文句〟は、ほとんど同じことを述べています。すなわち、「誰のところへ嫁に行っても」「誰を婿（聟）に取っても」「どの場所で再婚しても」ということです。この「とも」「共」のあとには、どのような〝決まり文句〟が続くのでしょうか。今度はそれらの言葉を一緒に読んでいきたいと思います。

まず、①「いづ方江ゑん付候とも」には、次の言葉が続いています。

最初のは、一度学習しました。どこだったか覚えていますか。第3章の三くだり半のタイトル「差出シ申……」のところです（72ページ）。見分けるポイントはの部分、「左」と同様に右上へ跳ね上がる部分でした。ですからは「差」ということになります。

次のは初登場です。先に、極端に画数の少ないものは「ひらがな」を疑ってみる、と書きましたので、その通りに「ひらがな」を疑って、22ページの「ひらがな一覧」を見てみましょう。すると、「か」のなかに似たくずし字が有ることがわかります。は「か」で、元の漢字は「可」です。「可」については、すでに「何」を学習した時に見ています

が、一番簡略化して書かれたものがです。但し、「何」や「荷」「寄」など、「可」が漢字の一部を構成している場合には、まで簡略化して書かれることは、まず有りません。

次のは、そのまま読めそうです。が「ま」、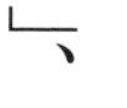が「ひ」ですから、で「かまひ」。「かまひ」は旧仮名遣いですので、読む時は「かまい」とします（活字で書く時は「かまひ」です）。

次のは何でしょうか。難しそうな雰囲気が漂っています。は、江戸時代の古文書に出てくる重要な漢字の1つで、かつ形ごと暗記しなければならないものです。さらに、たくさんのくずし方が有りますので、上段に掲げておきます。答えは「無」。「無」の部首は「灬」（れんが・れっか）

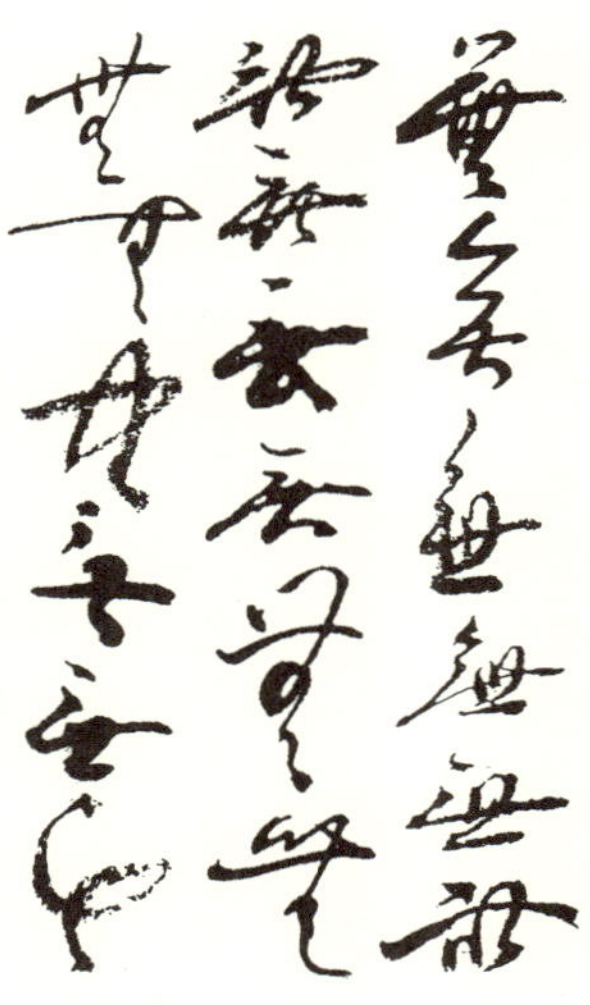

ですが、くずし方の事例を見てわかる通り、判読の目安となる「灬」の部分が書かれていません。それゆえ、暗記しておく必要が有るのです。

「無」の下のは、第3章で何度も見た漢字です。「一札之事」「離縁状之事」「離別状之事」の「之」です。で「無之」となりましたが、どのように読むのでしょうか。古文書に出てくる「無」は、「無心」（むしん）や「無尽」（むじん）、「無事」（ぶじ）などを除けば、圧倒的に下から上へ返って読むことが多いです。ですからここも下から返って読むのですが、「之」をこれまでのように「の」と読むとおかしな日本語となってしまいます。ここで新しい知識として、「之」は古文書では「の」以外にも「これ」「この」と読む、ということをしっかりと覚えておい

てください。

さらに「無」は、「む」「ぶ」のほかに「ない」「なく」「なし」と読みますので、「無之」で「これなく」となります。しかし、「これ」そのものには意味が有りませんので、単純に「無い」と訳して構いません。また、「これなく」と読むのが一般的ですが、あとに続く言葉によっては、「これなき」「これなし」と読むことも有ります。

で、「差かまひ無レ之」（さしかまいこれなく）となりました。「差かまひ無レ之」とはどのような意味なのでしょうか。「かまひ」の箇所では触れませんでしたが、「かまひ」＝「かまい」は、漢字に直すと「構い」で、「障り」や「差し支え」という意味です。それが「無レ之」（これなく）なのですから、「障りが無い」「差し支えが無い」ということになります。

最後のは、墨が薄くなっていますが、もうお馴染となったであろ

う「候」です。

「いづ方」から続く文章を全部書くと、

「いづ方江ゑん付候とも、差かまひ無レ之候」となりました。「あなたがどこの誰と再婚しても、私には差し支えがありません」と訳せるでしょう。

次は、②「何方へ縁付候共」のあとに続く文章です。

難しい漢字が続いています。このなかに漢字は6つありますが、本書で皆さんに覚えてほしいのは、2つ目と5つ目だけです。それゆえ、残りの漢字については、答えだけを書くことにします。

まず最初のは「決」。江戸時代の「決」は「氵」（さんずい）ではなく、「冫」（にすい）で書かれることがほとんどです。また、通常「夬」の部分が極端に大きく書かれますので、現在の「決」とは見た目がかなり違っています。

次のが重要な漢字です。極端に画数が少ないので「ひらがな」のようにも思えてしまいます。しかも、じっと眺めていると、「ひらがな」の「る」や「ろ」のように見えてきませんか？　古文書を読んでいて「ひらがな」の「る」や「ろ」のように見えたら、その文字は「而」で有ることがほとんどです。「而」は、さまざまな漢字の下で働く文字で、圧倒的に「て」と読みます。「兼而」（かねて）、「重而」（かさねて）、「追而」（おって）、「別而」（べっして）、「惣而」（そうじて）、「至而」（いたって）、「依而」（よって）、「仍而」（よって）、「先達而」（せんだって）など、挙げればキリがありません。また、すでに学習した「候」の下について「候而」（そうろうて・そうらいて）

と使うことも多いです。
このように万能選手の「而」ですので、くずし方の一覧を掲げておきます。

「而」が、どんどん「る」「ろ」のように変化しているのがわかります。
で、「決而」（けっして・けして）です。
次のは「異乱」（いらん）と書かれていますが、これは「違乱」（他人の行為・考えに反対すること）と同じ意味と考えてよいでしょう。江戸時代の古文書には、音が合っていれば、違う漢字を当てて書くという事例が多数見られます。この事例の場合は「異」と「違」の意味も似ていますので、「異」（い）＝「違」（い）と理解しておきます。

は是非とも覚えておきたい漢字ですが、どこかで見たことがあるのではないかと思います。97ページの上段を見てください。まったく同じ形のものが見つけられましたか。そう、これは「無」です。先ほどのとは形が違いますので、すぐには同じ漢字だと納得できないかもしれませんが、どちらも「無」です。

最後のは「之」ですから、で「無レ之」（これなく）。は、「決而異乱無レ之」（けっしていらんこれなく）となり、

「何方へ縁付候共、決而異乱無レ之」

は、「あなたがどこの誰と再婚しても、私は決して反対しません」と訳せるでしょう。

続けて、③「何方ゟ縁組候共」に続く文章です。

これは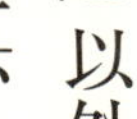以外、すべて読めるのではないですか。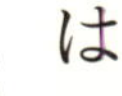は「二」、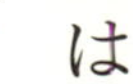は3度目の登場である「無」、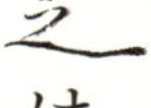は「之」です。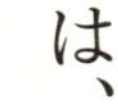は、判読のポイントが2つ有ります。まず、「𠆢」の部分、もう1つが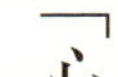「心」の部分です。「𠆢」が有って「心」が下に付く漢字を考えればよいのですが、柏書房の『入門古文書小字典』を見ると、この2つの条件を満たす漢字は「念」と「愈」の2つしか有りません。答えは「念」で、「二念」（にねん）とは、「二心・ふたごころ」の意味です。は、「二念無レ之」（にねんこれなく）となり、「何方ゟ縁組候共、二念無レ之」

は、「あなたが誰を婿に取って再婚しても、私に二心はありません」と訳せるでしょう。なお、三くだり半に「何方ゟ」と書かれている場合は、「婿取り婚」を指していることがほとんどです。

次は、④「何れへ縁付申候とも」に続く文章です。

いずれの文字も、しっかりと書かれています。ここで覚えてほしいのはです。見たままの「ふ」ですが、古文書に「ふ」と書かれていたら、それは「不」と置き換えて読むと意味が通じます。「不」には、

のようなくずし方が有ります。２番目がすべてひと筆で書かれているのでわかりにくいかもしれませんが、下の３つを覚えておけば安心です。

また、「不」は「不届」（ふとどき）、「不法」（ふほう）、「不参」（ふさん）、「不行届」（ふゆきとどき）、「不如意」（ふにょい）などを除けば、先ほどの「無」と同じく、下から上へ返って読むことがほとんどです。ですから、次のを読みますと、明らかに「艹」（くさかんむり）の漢字で、「苦」。「苔」のようにも見えるかもしれませんが、「不苔」では意味がわかりません。で、「不レ苦」（くるしからず）となりました。

最後のは「候」で問題なさそうです。

「何れへ縁付申候とも、不レ苦候」

は、「あなたがどこの誰と再婚しても、私に差し支えは有りません」としておきます。

最後は、⑤「何方へ嫁入又は聟とり候共」のあとに続く言葉です。

覚えてほしいのは、４つ目の依と5つ目の存です。まず私は、偏の禾「禾」（のぎへん）に注目しておいてください。しは最後の止めが無いですが「ム」と判断して、「禾」と「ム」を合わせた「私」です。

私「私」に続くしは何でしょう。72ページに出しとあったのを覚えていますか。これは「出シ」でした。そのしと、このしを見比べてみると、非常によく似ていることがわかります。しは「シ」です。

私しで「私シ」（わたくし）。「シ」を送らなくても「私」（わたくし）と読めるのですが、ここでは「シ」を送っています。

次のは、画数が多そうな感じがします。ここで覚えてしまいたいのは、そのものではなくて、偏のです。以下を見てください。

【手へん】

【木へん】

上が「手へん」の、下が「木へん」の代表的なくずし方です。特に「木へん」に注目してほしいのですが、一番上の以外は、全部「手へん」と同じくずし方になっていることがわかります。つまり、「木へん」は「手へん」と同じ形になる、ということです。

に戻りますが、明らかに「手へん」で書かれています。このような時にはどうすればよいのでしょうか。

80ページで、「イ」（にんべん）と「彳」（ぎょうにんべん）と「氵」（さんずい）は似ている、と書きましたが、この「手へん」と「木へん」も同

じで、古文書には同じようなくずし方になる偏が結構あります。古文書に出てくるすべての漢字を暗記できればよいですが、それは不可能ですので、読めない文字が出てきた時には古文書字典を使って調べる必要が出てきます。その際、似ている偏の漢字全部に当たってみなければならないのですが、この作業を面倒くさいと思うか否かで、今後古文書が読めるようになるか否かが決まってくると言っても過言ではありません。

本書のなかで〝理詰めで納得できる漢字〟と言っているのは、実は偏や旁、冠、たれ、など漢字の部首が見分けられる、すなわち古文書字典で引くことができる漢字のことです。それゆえ、「候」や「者」、「申」など、〝形ごと暗記してください〟と書いている漢字は、部首が見分けられない、つまり〝理詰めで納得できない漢字〟ということになります。

話が脇道にそれましたが、柏書房の『入門古文書小字典』でを「手

郵 便 は が き

料金受取人払郵便

本郷支店承認

2871

差出有効期間
平成24年３月
９日まで

１１３-８７９０

東京都文京区本駒込
１－13－14

# 柏 書 房

編集部「古文書」係　行

| お名前 | (フリガナ) | 性別 | 年齢 |
|---|---|---|---|
| | | 男・女 | |
| ご住所 | 都・道<br>府・県 | | |
| 郵便番号 | | 電話番号 | |
| Eメール | | | |

本のタイトル

読者の皆様とごいっしょに、古文書学習のための新しい企画を作っていきたいと考えております。以下は、お差し支えなければご記入ください。

**①本書についてご回答下さい。**

内　容（難しい　普通　やさしい）

利便性（使いやすい　普通　使いにくい）

価　格（高い　普通　安い）

**②ご意見・ご感想、お読みになりたい企画など、ご自由にお書きください。**

**③古文書の学習にあたって初めてご購入された書籍および字典は何でしたか。また、現在は何をご利用ですか。**

書籍名（　）

字典名（初めて　現在　）

**④普段の学習では、おもに何をテキストとしてご使用ですか。**

（書籍名・史料名など　）

**⑤現在、ご所属のサークルや同好会について、ご支障のない範囲でお答えください。**

（サークル・同好会名　）

（実施場所　）

（代表者名　お電話番号　）

**⑥サークルや同好会の活動についてお聞かせください。**

年に（　）回、月に（　）回、その他（独学など　）

**⑦小社の古文書学習書案内や新刊案内のご送付をご希望される方は□にチェックしてください。**

（□希望する　□希望しない）

■柏書房 愛読書カードへのご協力、ありがとうございました

へん」と「木へん」から探してみると、

右のように、旁がに似た漢字は「木へん」に有ることがわかりました。もし、が「手へん」に見えるからといって「手へん」の漢字しか調べなかったら、答えが見つけられなかったということです。答えは「構」（かまい）でした。

次のは、「候」と並ぶ、古文書を代表する漢字で、本書では初登場です。偏のが、縦にすっと下におりているので、「イ」（にんべん）か「彳」（ぎょうにんべん）か「氵」（さんずい）かの、いずれかの漢字です。理詰めで納得できる漢字ではあるのですが、とにかくよく出てきますので、知らず知らずのうちに覚えられるかもしれません。またこのは、

よく出てくるだけでなく、くずし方の多さで言えばナンバー1かもしれません。以下に、主要なのくずし方を掲げてみます。

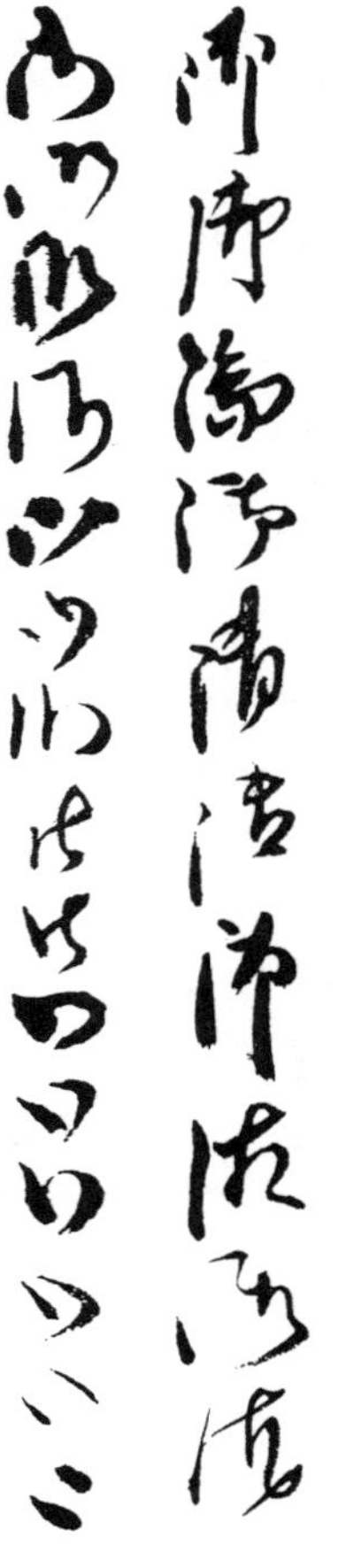

いかがですか。画数の多いものから、最後には点2つで表現されるものまで、いろいろあることがわかります。お目当てのは、1列目の下から3番目と似ています。また、1列目の一番上は12ページに図版を掲げた「御手茂登」の「御」と同じです。つまりは「御」です。

なぜ「御」には、このようにくずし方が多いのでしょうか。画数が多い（12画）ということも有りますが、江戸時代は身分制社会でしたので、格式や身分がそのまま文字の形に反映された、ということも影響しています。「御」以外にも、「様」や「殿」は、相手の身分・立場によって書き分けられていました。それらの漢字が楷書に近いほど、文書を受け取る相手の身分・立場が、書き手よりも上位であることを示しています。

続いてですが、これはしっかりと「广」が書かれていますので、「广」(まだれ)の付く漢字だとわかります。このは「御」とセットで出てくることが多いのですが、「御座候」(ござそうろう)という言葉を聞いたことがあるのではないですか? このは「座」です。以下の「座」のくずし方の事例を見ると、「坐」ではなく、ほとんど「生」のようなくずし方になっています。

【座】

で「御座」。続くは、そのまま「なく」と読めそう

です。最後の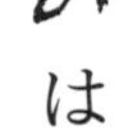は「候」。もう「候」は問題ないでしょう。で「御座なく候」(ござなくそうろう)です。なお、「御座なく候」は「無㆓御座㆒候」と、・「無」を伴って書かれることのほうが多いです。「御座候」で「ございます」、「無㆓御座㆒候」で「ございません」と、「候」だけの時よりも丁寧な言いまわしになります。

「何方へ嫁入又は聟とり候共、私シ構御座なく候」は、「あなたがどこへ嫁入りしたり、または誰を婿に取ったとしても、私は差し支えございません」と、訳しました。

三くだり半とは、一般的には夫から妻へ対して出された離縁状のことを指します。この「夫から妻へ対して」というところが鍵です。離婚の理由が書かれた部分については次章で学びますが、三くだり半、すなわち三行半という短い文章のなかで最も重要な部分が、夫（男性）

が妻（女性）の再婚について干渉しないことを示す「何れへ縁付申候とも、不レ苦候」などの文章なのです。これらの文章が無ければ、離縁状として成立しませんし、妻は再婚ができませんでした。

しかし、離婚をしたい夫が、自分の意思で三くだり半を書いたのか、あるいは離婚をしたいと考えている妻に夫が書かされたのか、どちらが離婚を主導したのかは、三くだり半からではわからないのも事実です。タテマエとして完全な男性社会だった江戸時代において、本当に女性は男性に従うだけの弱い存在だったのか、離婚も男性による一方的な、強制的なものだったのか、このあたりのことがわかるようになると、江戸時代の男女関係に対するイメージも大きく変わってきそうです。

次ページからは、三くだり半の最後に書かれる〝決まり文句〟について、ざっと学習していきましょう。

①

②

③

## ④

これら4つの文章は、すべて三くだり半の書き止めに見られる〝決まり文句〟です。特に①から③までは、三くだり半に限らず、江戸時代の古文書の多くに見られるものですので、ここで身に付けておくと後々大変便利です。

まず①です。4文字書かれていますが、2つ目の文字には見覚えが有りそうです。100ページの「決而」で学習した「而」で、「ひらがな」の「る」のように書かれています。

最初のは、偏の「イ」も旁の「乃」も、しっかり見分けることができます。は「仍」。で「仍而」（よって）と読みます。

次のを読む前に、最後のを先に読んでおきます。偏の

「イ」は大丈夫でしょうか。

三くだり半に限らず、古文書の最後の文字の偏が「イ」（にんべん）の場合、その文字がどのようにくずされていたとしても、「件」が書かれていると断定して構いません。「件」１字で「くだん」と読みます。

さらに言えば、最後の文字が「件」だと特定できれば、その上に書かれている文字は必ず「如」となります。先ほどのは、非常に読みにくい文字ですが、「件」がわかっていますので、必然的に「如」となるのです。「如レ件」で「くだんのごとし」と読みます。
で「仍而如レ件」（よってくだんのごとし）。書き止めの言葉で、「ここまで述べたことに間違いは有りません」といった意味です。
次の②ですが、下の４文字は、①で学習した「仍而如件」です。「而」が今までのものより縦長にくずれています。最後の「件」は大丈夫でしょうか。

は、どれも初めての文字です。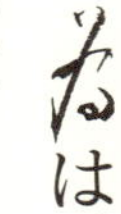は、の部分に注目してください。これは「為」と読みます。「為」の部首は「灬」ですが、通常「灬」がまともに書かれることは有りませんので、形ごと暗記してしまう方が確実です。「為」は頻出する重要な漢字で、あとに続く言葉によってさまざまに読み方が変わります。

くずし方もいろいろとありますので、上に掲げておきます。「為」は「不」や「無」と同じように、下から上へ返って読むことがほとんどですので、続く文字を読んでおきましょう。

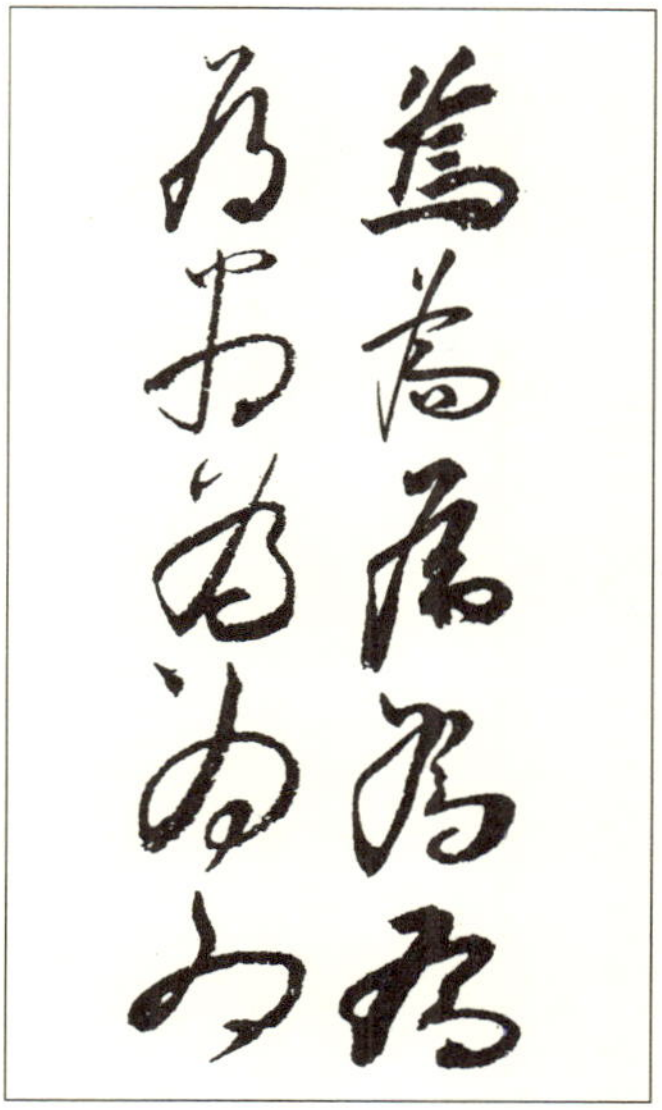

次のは、偏のに注目です。偏がの時は、「イ」「彳」「氵」のいずれかの漢字だと特定ができます。さらに、文章の最後に「為」が書

かれていることがわかった場合、100％とは言いませんが、その下には「後」が書かれることが多いです。ここでのは「イ」（ぎょうにんべん）だったことがわかりました。次の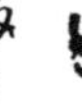は「日」に見えるでしょうか。で「後日」。で「為後日」です。「後日」と読んでから「為」へ返り、「ごじつのため」と読みます。で「為二後日一仍而如レ件」（ごじつのため、よってくだんのごとし）。「後日のためにこの文書を書きました。ここで述べたことに間違いは有りません」という意味です。

次いで③ですが、初めての文字はの1字だけです。ここまでに述べてきた文書のルールに沿っていくと、がはっきり「為」と書かれていますので、その下は「後」。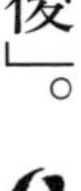「日」、「之」は読めそうです。で「為二後日之一」（ごじつのため）。

次のは久しぶりに出てきた「一札」です。は、「イ」が読み取れます。先ほどは「仍」でしたが、旁が違います。旁のは筆の動きから「衣」と読めますので、は「依」。次のは101ページに掲げた「而」。「る」「ろ」ではなく、省略せずにしっかりと書かれています。「よって」は、「仍而」と「依而」の2つがあり、さらに「而」を補わずに「仍」「依」の1字だけでも「よって」と読ませることが有ります。

最後のですが、は「イ」ですので無条件で「件」。その上は必然的に「如」です。で「依而如レ件」（よってくだんのごとし）となります。

で、「為二後日之一一札、依而如レ件」（ごじつのため、いっさつ、よってくだんのごとし）。「後日のために一札を書きました。ここで述べたことに間違いは有りません」という意味です。

最後の④に進みます。長い文章ですが、初めての文字は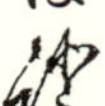だけで、残りはすべて学習済みの文字ばかりです。

は「為」、は「後」です。

次のが初めてですが、旁のは見たことが有ります。第1章と本章で学習した「登」（と）です。ここでは漢字のままにしておきます。

一番大事なのがで、是非とも覚えてほしい部首の1つです。このは「言」（ごんべん）の最も基本的な形で、古文書には「言」（ごんべん）の漢字がたくさん出てきます。「言」と「登」を合わせて「證」。現在でも「野村證券」がこの「證」を使っていますが、これは常用漢字「証」の旧漢字です。古文書では「証」よりも「證」の方が頻出します。たとえ「登」が読めなくても、「言」さえ覚えておけば、古文書字典を使って探し出すことが可能です。で「為二後證一」（ごし

ょうのため）です。

次のは、第3章で学習した「離縁」。「縁」の「糸へん」に注目です。

は「一札」。

最後のは「仍而如レ件」です。「仍而如レ件」にはもう慣れましたか。

で、「為二後證一、離縁一札、仍而如レ件」（ごしょうのため、りえんいっさつ、よってくだんのごとし）。「後々の証拠として離縁一札を書きました。ここで述べたことに間違いは有りません」という意味です。

本章では、三くだり半に出てくる〝決まり文句〟をキーワードに、文字の解読を進めてきました。特に後半で学習した「仍而如レ件」（よってくだんのごとし）などは、どの古文書を読む時にでも通用しますので、是

非とも覚えておいてください。

もちろん、本章で紹介した〝決まり文句〟が、三くだり半に書かれているもののすべてというわけではありません。1字2字が微妙に違う言い回しのものもありますし、「隣家ハ格別、何方江縁付候共、差障候儀毛頭無レ之候」（りんかはかくべつ、いずかたへえんづきそうろうとも、さしさわりそうろうぎ、もうとうこれなくそうろう）と書かれているものもあります。

次章でも〝決まり文句〟を取り上げますが、今度は離婚理由を書いた部分について見ていきたいと思います。楽しみにしていてください。

# 第5章　離婚の理由あれこれ

本章では、三くだり半ならではの〝決まり文句〟である離婚の理由を記した部分について学習していきます。

まず、よく使われていた離婚理由から始めましょう。

最後の「付」以外は、すべて初登場の文字ばかりです。

まずですが、これはほとんど楷書に近いので「我」と読めると思います。

問題は次の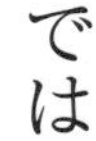です。ぱっと見てカタカナの「ホ」が書かれているように見えたのではないですか。そのように見えれば満点です。古文書でカタカナの「ホ」に似た文字が出てきたら、それは「等」のくずし字だと思ってください。「候」のように、ある種記号のようなものです。理詰めで納得できない漢字ですので、暗記してしまうしかありません。で「我等」（われら）です。

次のは、画数が多そうな漢字です。注目すべき点は偏のと、旁のなかにある。答えはが「月」で、が「力」です。こののように画数が多そうな漢字の場合には、判読できそうなポイントをいくつも見つけて、それらが含まれる漢字を古文書字典で探していくことが早道です。答えは「勝」。確かに「月」も「力」も含まれています。ちなみに「勝」は、「月」が部首の漢字では無く、「力」が部首です。それゆえ、「月」の部分だけを字典で探していては答えにはたどりつけま

せん。しかし、「月」が付く漢字はたくさんありますので（体に関係する「にくづき」の漢字も左側は「月」です）、このは覚えてしまいましょう。

次のは何でしょうか。ひと筆書きのシンプルな文字ですが、部首がわかりにくいので、形ごと覚えてしまった方が早いです。答えは「手」。「手」とわかってから、もう一度を見てみると、なるほど「手」のように見えてくるのではないでしょうか。で「勝手」（かって）です。

次のは、ほかの文字に比べると極端に小さく書かれています。見たままのカタカナの「ニ」なのですが、この「ニ」は極端に小さく書かれるという特徴を持っていますので、見分けるのは非常に簡単です。続く「付」と合わせて「ニ付」（につき）となります。この「ニ付」という言い方は古文書に頻出します。

で、「我等勝手ニ付」（われらかってにつき）。「私の都合により」という意味で、離縁は〝妻のせい〟では無く、〝私の都合である〟ということです。「勝手」には、いろいろな意味があり、ここでは「都合」としましたが、「勝手」には「わがまま」「自分勝手」という意味もあります。しかし、夫が自分の勝手気ままで妻を離縁した、とすると、妻が一方的に追い出されたことになってしまいます。先述した通り、三くだり半は夫（男性）が妻（女性）に対して出しますが、夫と妻のどちらが離縁を主導したのかは、実際はわかりません。

続いて別の表現を見てみましょう。

の「ニ付」は125ページで学習済みです。

も、はっきりと「ふ」が書かれていますので、漢字に直して「不」。104ページで学習しました。

次のは古文書に頻出する大事な漢字です。偏のは107ページで学習した「手へん」と「木へん」によく似ています。しかし、古文書字典で「手へん」と「木へん」の部分を引いても出てきません。それゆえ、このは形ごと暗記してしまう必要があります。このは「相」です。「相」は接頭語として、「相成」（あいなり）、「相定」（あいさだめ）、「相済」（あいすみ）、「相渡」（あいわたし）、「相願」（あいねがい）などと出てきますが、「相」そのものに意味はありません。

は、「广」（まだれ）がしっかりと書かれています。また、判読ポイントとして「广」のなかに「心」があります。この2つを満たす漢字を考えれば答えにたどり着けます。答えは「應」。「応」の旧漢

字で、「慶應義塾大学」が「應」を使っています。で「不相應」。「不」が有りますが、ここでは下から上へ返って読まずに「ふそうおう」と読みます。

で「不相應ニ付」（ふそうおうにつき）。夫と妻のどちらの立場から見て「不相應」なのかはわかりませんが、これもよく使われる表現です。

次の表現はいかがでしょうか。

最後の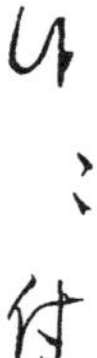は「候ニ付」。もう慣れましたか。

は「宀」（うかんむり）がしっかりと書かれた「家」です。91ペー

ジの「嫁」の旁と同じです。

次のは初登場です。ポイントは「八」の部分。この形が出てきたら、その文字はほぼ「風」だと思って構いません。なかの「虫」部分がまともに書かれることは少なく、のように書かれることがほとんどです。で「家風」です。

はカタカナの「ニ」ですが、も初登場です。このは3つに分解することができます。「入」、「一」、「口」の3つです。この3つを順に組み合わせると「合」になりました。

は「不」、は久しぶりの「申」です。で「不レ申」（もうさず）。先ほどの「不相應」とは違い、ここは下から上へ返って読みます。

で、「家風ニ合不レ申候ニ付」（かふうにあいもうさずそうろうにつき）。原本には「家風」の上に「其方事」（そのほうこと）と書かれていますので、「あなたは我が家の家風に合いませんでしたので」と、はっきりとした離縁理由が書かれています。

次の表現はどうでしょうか。

ここでは、だけが初めての文字です。現在の漢字と形が似ているので、ある程度の予測が付くかもしれません。これは、「气」のなかが「メ」では無く、「米」が書かれている、旧漢字の「氣」です。

続くは、上の「氣」から続けて書かれていますが、カタカナの「ニ」でしょう。

で「氣ニ」です。

もも、先ほど見たばかりの文字です。が「不」、が「合」。

で「不合」となり、下から上へ返って読んで「あわず」です。

「氣ニ不レ合」で「きにあわず」と読みます。

次のは、もうお馴染となった「候ニ付」です。

で、「氣ニ不レ合候ニ付」（きにあわずそうろうにつき）。「氣ニ不レ合」の上には「其許義」（そこもとぎ）と書かれていますので、「あなたとは気が合いませんでしたので」と、これもはっきりとした離縁の理由が書かれています。

次の表現はどうでしょうか。

すべて学習済みの文字ばかりです。

は「ふ」なので「不」、は「糸へん」がしっかりと書かれている「縁」、はカタカナの「ニ」、は「付」です。で、「不縁ニ付」（ふえんにつき）。「あなたとは縁が有りませんでしたので」と言うことです。

次も「不縁ニ付」に近い表現です。

が初めての文字ですが、それ以外は全部読めそうです。は、3つに分解してみるとわかりやすいでしょう。が「艹」（くさかんむり）、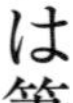は筆が下にすっとおりていますので「イ」（にんべん）か「彳」（ぎょうにんべん）か「氵」（さんずい）、がかなり難しいです

が「専」のくずし字です。仮に「専」がわからなかったとしても、「艹」（くさかんむり）と「イ」「彳」「氵」のいずれかが組み合わさる漢字を探していけばよいのです。例えば、柏書房の『入門古文書小字典』から該当の漢字を探してみると、「イ」であれば、「花」と「荷」、「氵」であれば「落」と「薄」が見付かりました。「彳」はありません。そこで、形の似たものを選ぶと「薄」がぴったりと合いました。漢字を部品に分けて、読めた部分を使って文字を特定するという右のような方法は非常に有効的です。

　残りの文字は、が「縁」、がカタカナの「ニ」、が「付」です。で「薄縁ニ付」（はくえんにつき）。「あなたとは縁が薄かったので」離縁をするということです。

　次の表現はどうでしょう。

初めての文字はだけです。は「ふ」なので「不」、は129ページで3つに分解した「合」だとわかります。

2つ目のですが、これは左と右に分けることができそうです。左が「禾」、右が「口」のくずし字です。「禾」は106ページの「私」で見ましたが、このの方が「禾へん」の基本的な形となります。「禾」と「口」を合わせては「和」です。で「不和合」（ふわごう）となりました。

はカタカナの「ニ」、は「付」で「ニ付」。で「不和合ニ付」（ふわごうにつき）。「不仲のため」に離

縁に至ったようです。

以下、さまざまな表現の例を見ていきましょう。

「重々我儘付」（かさねがさね、わがままにつき）。妻の名前のあとに右の表現が続いています。「妻がたびたびわがままを言うので」離縁した、とあります。

「其方事、我等不レ叶ニ存寄一候ニ付」（そのほうこと、われらぞんじよりにかなわずそうろうにつき）。これは、「あなたは私の気持ちに添いませんでした」ということで、夫の恣意的な表現と言えます。

「双方愛相尽候ニ付」（そうほう、あいそうつきそうろうにつき）。「愛相」は「愛想」のことで、「相」が「想」の当て字になっています。「夫も妻も愛想が尽きたので」離縁したようです。

「其許・我等、双方納得之上、此度離別致遣し申候」（そこもと・われら、そうほうなっとくのうえ、このたびりべついたしつかわしもうしそうろう）。「其許」が妻で「我等」が夫です。「妻と私の双方が納得の上で、今度離別することになりました」と書かれています。前述の「双方愛相尽候」と同じく、2人で話し合った上で出した結論なのでしょう。

「此度女房〇〇儀、家出仕、勝手ニ悪口ヲ申、其上離別致呉候様、申レ之候ニ付」（このたび、にょうぼう〇〇ぎ、いえでつかまつり、かってにわるぐちをもうし、そのうえりべついたしくれそうろうよう、これをもうしそうろうにつき）。たったの三行半のなかで、ここまではっきりと妻の行状が書かれているものは珍しいです。「今度、女房の〇〇が家出をして、自分勝手に私の悪口を言っています。さらに離別してほしいとまで言っているので」望みの通りに離縁した、と書かれていました。

いかがでしたか。離縁の理由もさまざまあって、江戸時代の庶民も、現代の私たちの離婚事情とさほど変わらないことがわかったのではないでしょうか。

しかし、どのような離婚の理由が書かれていたとしても、最後の〝決まり文句〟である、「どこの誰と再婚してもよい」という言葉が書かれていることが、三くだり半にとっては一番大事なことでした。

コラム④

## 離婚は妻の所為《せい》では無い

三くだり半の前半部分には、〝妻を離縁した〟ということを書きます。そのなかに離婚の理由が抽象的に書かれています。実際の三くだり半1000通に書かれた離婚理由のベスト5を整理して表にしてみました。1番多いのは、意外にも離婚理由の無い三くだり半で、全体の4分の1強を占めています。

三くだり半に夫が理由を書かなかったことと「我等勝手ニ付」の解釈の相違が、そのまま江戸時代の離婚の考え方の違いになっています。1つは三くだり半に理由が書かれていないのは、夫が何の理由もなく、一方的に妻を離婚できたことを明白に示しているという考え方で、これが従来の考え方です。つまり、夫の「追い出し離婚（学問的には「夫専権離婚」）」説です。

これに対して、江戸時代の離婚は最終的には夫婦（両家）間の誼《よしみ》に傷をつけないように、互いに相談して円満に離婚を達成させるのが一般的でした。このような熟談・示談の上、離婚したという考え方を「熟談離婚」説と言います。この考え方では、三くだり半に離婚理由が書かれていないのは、書かない方がよかったから書かれなかったのであって、書か

| 順位 | 理由 | 割合 |
|---|---|---|
| 1 | 無し | 27% |
| 2 | 我等勝手ニ付 | 8・6% |
|  | 熟談・示談 | 8・6% |
| 4 | 満徳寺模倣 | 7% |
| 5 | 不叶存寄（心底） | 6・8% |
|  | 不相応ニ付 | 8・6% |

れていないからといって夫が理由も無く一方的に妻を離婚した（できた）わけでは無かったという結論になります。

次いで「我等勝手ニ付」が第2位。夫専権離婚説では、「勝手」を「勝手気ままに（自由に）」と解釈し、夫は妻を自由に離婚できたと解釈します。しかし、実際には夫婦間で協議した上で離婚成立に至るのが一般的でしたから、これは実態に即しても無理な解釈です。コラム⑤で触れますが、私の熟談離婚説では、「当方の都合により」と解釈し、離婚に至ったのは、夫（方）の都合であって、あなた（妻）の所為（せい＝責任）では無いことを夫が表明したものだ、というものです（専権離婚説とは正反対）。本当は妻に言いたいこと（落ち度）が山ほどあっても、相手の所為《せい》にはしないのです。今日、退職願などに「私儀、一身上の都合」と書くのは、その意識の名残と言えるでしょう。このことは、たとえ夫（男）の痩せ我慢であったとしても、それで男子の面目を保ったわけで、夫権優位（男尊女卑）のタテマエを辛うじて保持したのです。

## コラム⑤

# 江戸時代の離婚は熟談離婚

離婚理由の第2位は、「我等勝手ニ付」と並んで、「熟談（じゅくだん）・示談（じだん）」です。実例では「双方熟談（示談）之上」と書かれることが一般的です。妻の無責性を表示した「我等勝手」は、妻への配慮・気配りであって、夫専権離婚説の論拠になり得ないことはすでに述べました。

繰り返しになりますが、当時は最終的に夫婦（両家）間の情誼に傷を付けないように丸く収めることが求められましたので、そこでは「熟談」、つまり夫婦（両家）間の協議を伴って離婚を達成するのが一般的でした。それゆえ、三くだり半にも「熟談」の文句が用いられたのです。

第4位は53ページを参照していただくとして、第5位は「不レ叶二存寄（心底）一」と「不相応ニ付」です。この2つはタテマエとしての夫権優位がやや前面に出ています。特に「不レ叶二存寄一（ぞんじよりにかなわず）」は、妻が夫の気持ちに添わないということですから、夫の恣意（自分勝手な考え）の表れで、実質的に夫の「追い出し離婚」の時に用いられたのかもしれません。

## コラム⑥ 三くだり半のマニュアル

次ページ上段の文章を見てください。これはいったい何なのでしょう。

これは、江戸時代の往来物（おうらいもの）に収められた三くだり半の書き方マニュアルです。往来物とは、庶民用の教科書のことで、手紙の書き方や手紙に使用する言葉、日常的に使うさまざまな文例などが収められていました。そのなかに三くだり半の書き方も載っているのです。このことは、それだけ三くだり半を書く人間がいた、需要が有ったことを物語っています。

解読文は下段に配置しておきました。特徴的なことは、タイトルが「りゑん」と「ひらがな」で書かれている点、所々に読み仮名が振ってある点、レ点（返り点）が打ってある点です。離婚理由は「我等勝手ニ付」、決まり文句は「何方江縁付候共、差構無レ之」、書き止めは「仍如レ件」と、第4章・第5章で学習してきた言い回しが溢れています。

このことは、マニュアルに載っている文章が、本番でも使われていたことを示しています。

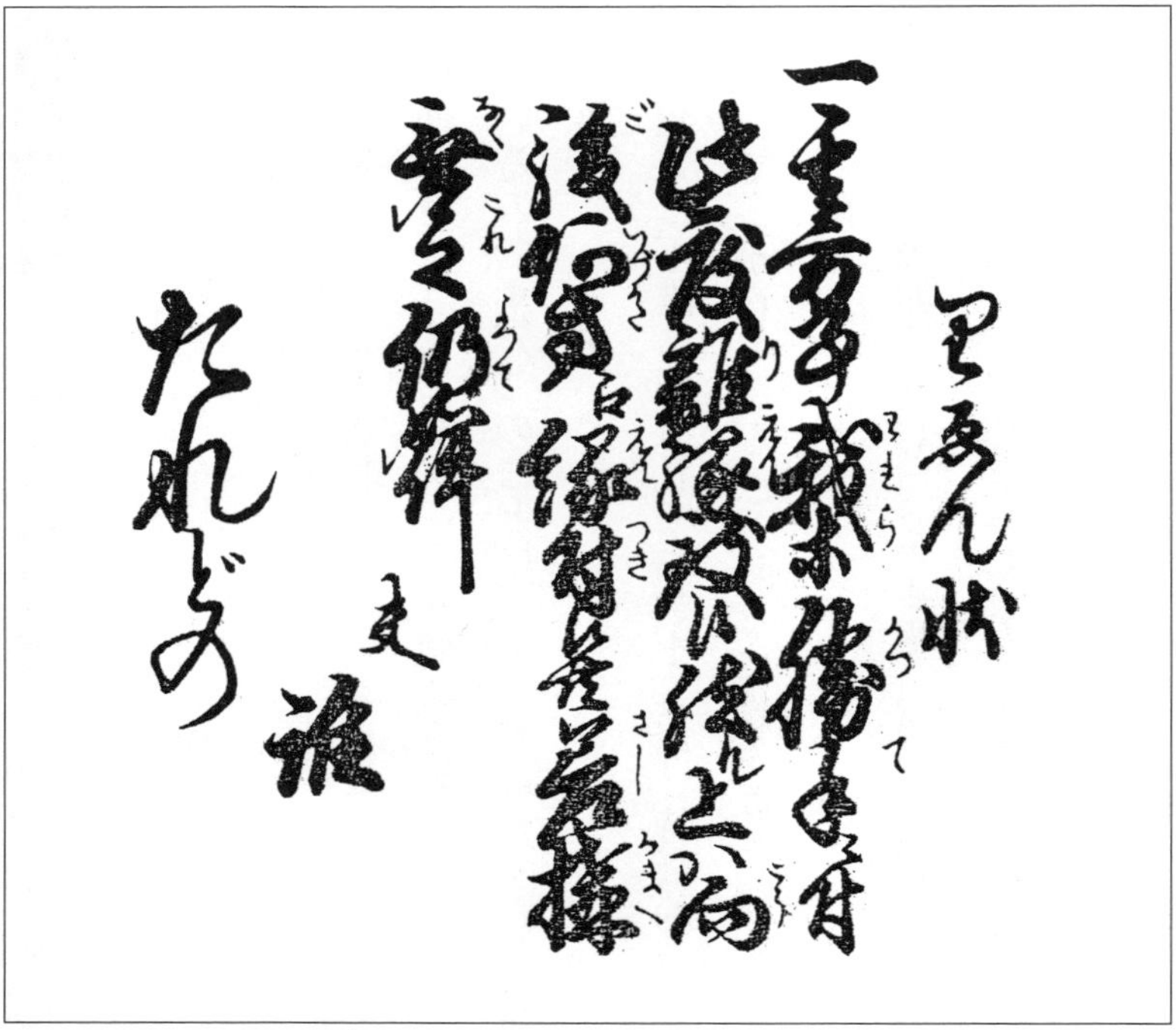

りゑん状

一、其方事、我等《われら》勝手《かつて》ニ付、
此度離縁《りえん》致候、然ル上ハ、向《こう》
後《ご》何方《いづかた》江縁付《えんつき》候共、差構《さしかまへ》
無《なく》レ之《これ》、仍《よつて》如レ件、

夫
誰

たれどの

# 第3部

# 全文解読に挑戦しよう

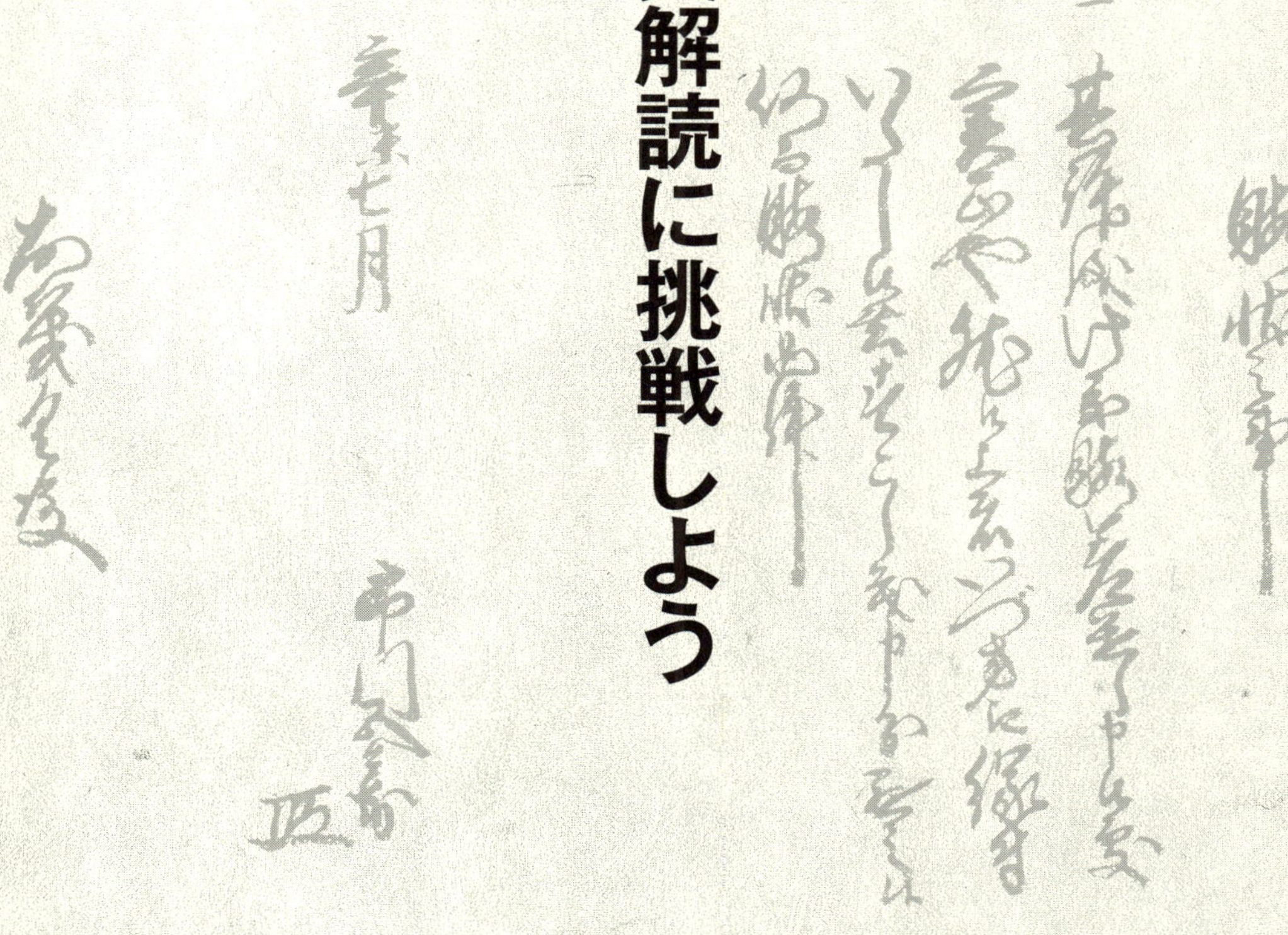

# 第6章　いろいろな三くだり半

第3部では、いよいよ三くだり半の全文解読に挑戦していきます。第5章までで培った知識をフル活用して、1字ずつ読んでみましょう。まず、最初の三くだり半の全文を掲載しておきます。

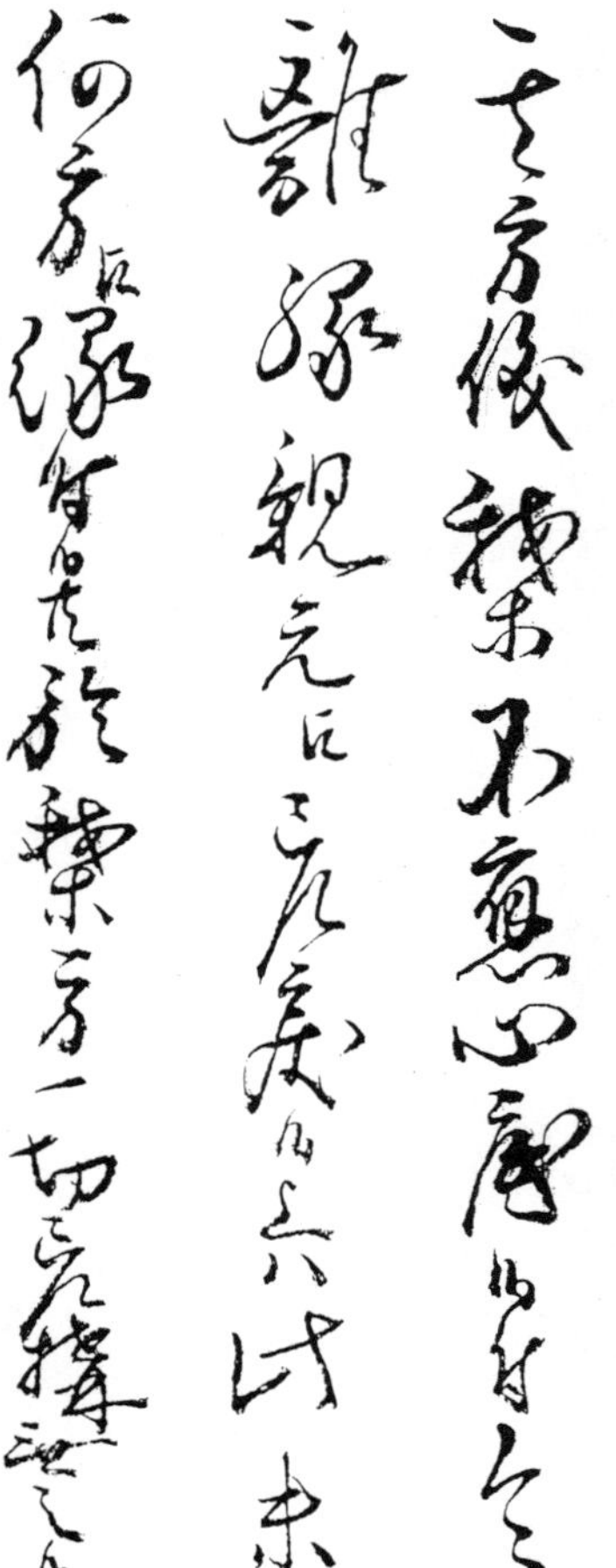

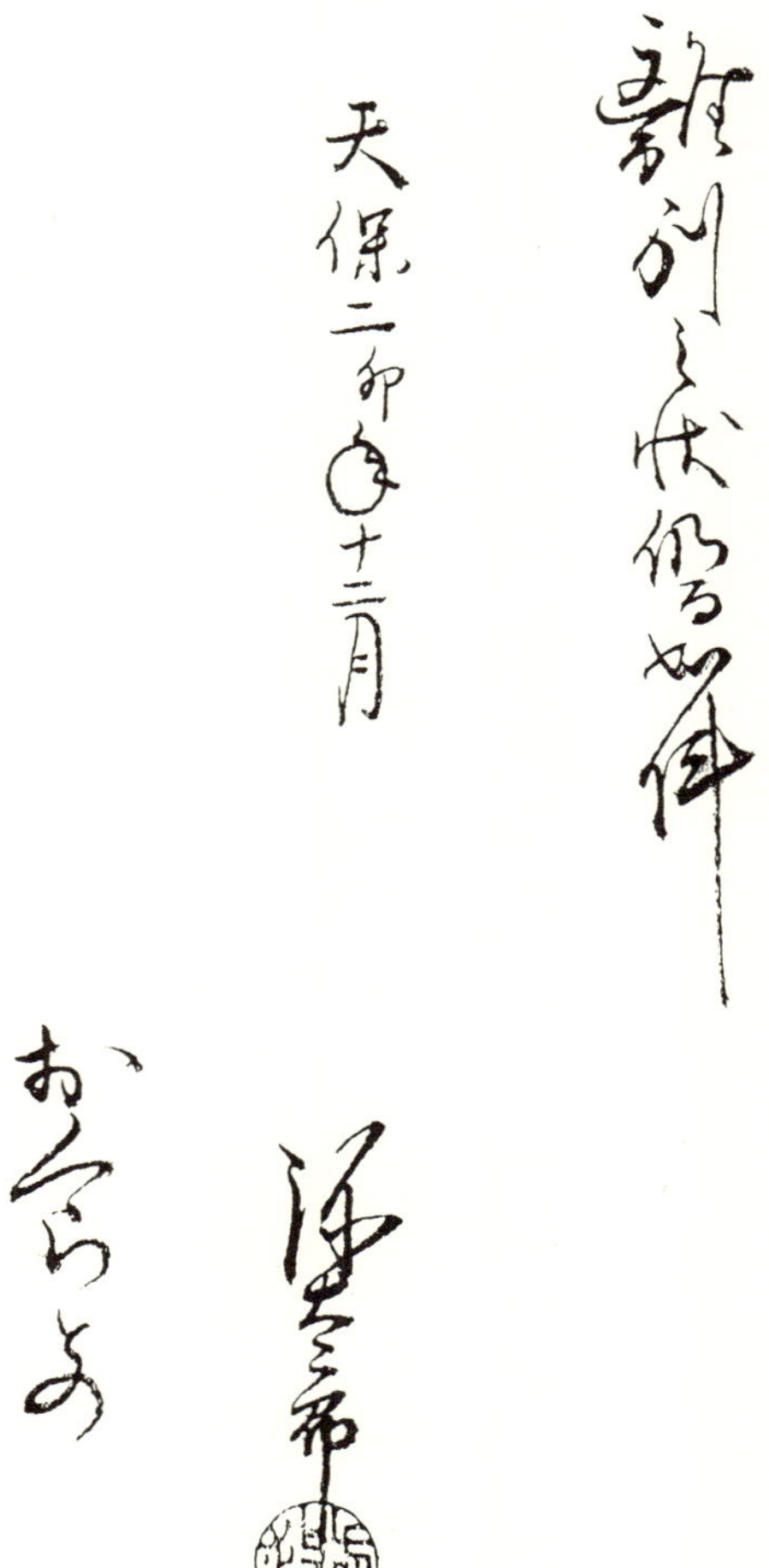

この三くだり半を見て、何か気付きませんか？　そう、タイトルが書かれていないのです。この三くだり半の場合には、別に「包紙」（ほうし）があって、「離縁状　一通」と書かれていました。タイトルが無いことは、特に珍しいことでは有りません。

まず、本書で一番覚えてほしい「候」を探してみましょう。全部で4つ有ります。

①　②　③　④

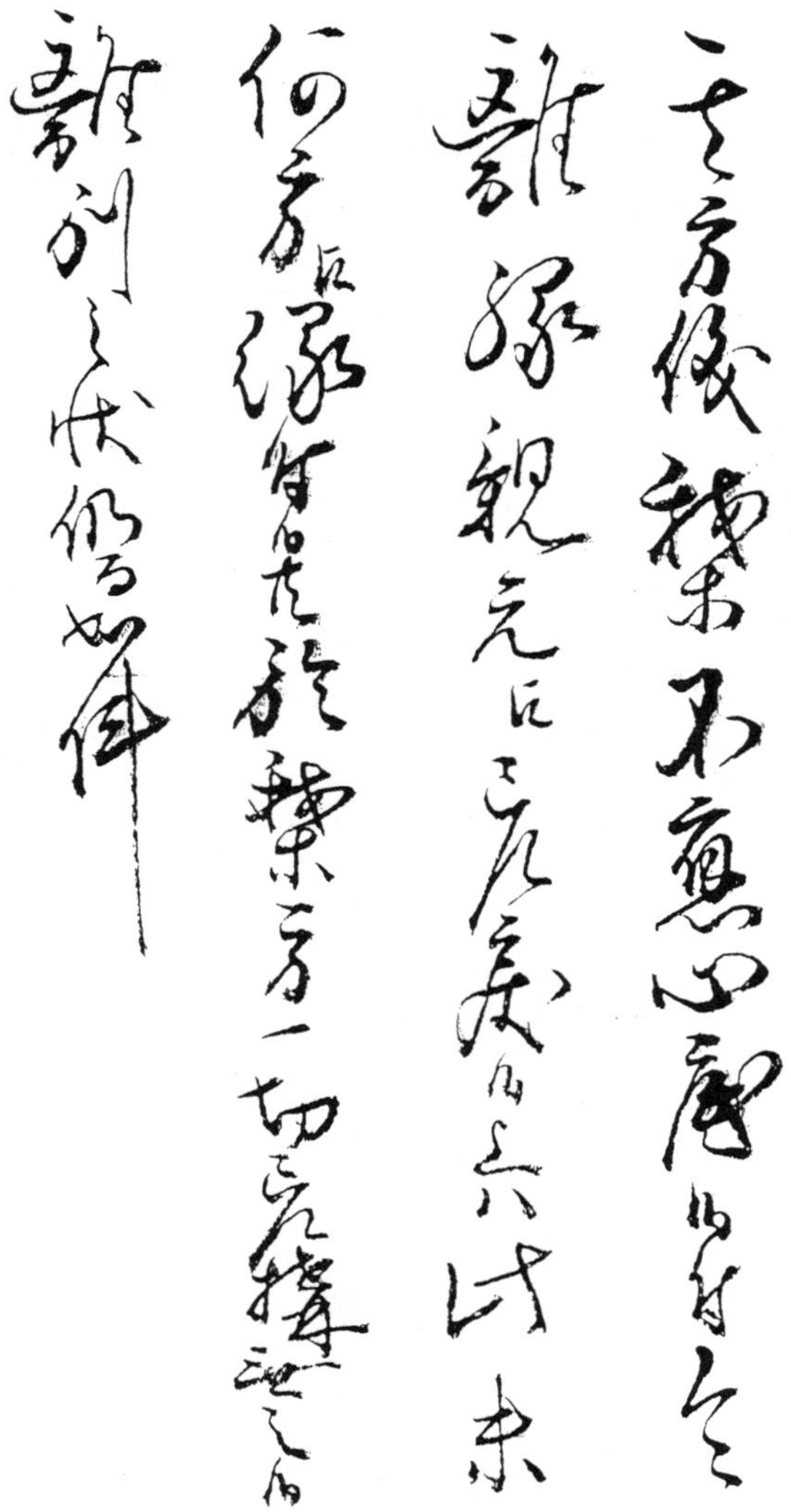

無事に見つけられましたか？　①の、②の、③のとで、計4つです。

それでは適宜区切りながら、1字ずつ読み進めていきましょう。以後、入門・初心者にとって特に重要だと思われる漢字には詳しい解説を付し、それ以外の漢字や既出の漢字については答えのみを示していきます。

まずは、理詰めで納得できない、形ごと覚える必要がある漢字です。答えは「其」。活字とくずし字とを見比べてみても、まったく一致する部分が有りません。強いて言えば横棒が書かれている点だけです。

「其」は、「其上」（そのうえ）、「其外」（そのほか）、「其後」（そのご）、「其節」（そのせつ）、「其段」（そのだん）、「其旨」（そのむね）など、多くの熟語があり、またくずし方もいろいろとありますので、以下に掲げておきます。

【其】

次のは、これまでに何度か学習した「方」です。は「イ」（にんべん）がはっきりと書かれていますので、古文書字典で探し出すことが可能です。旁がこのになるのは「儀」しかありません。で「其方儀」（そなたぎ・そのほうぎ）。「あなたは」の意味です。

は124ページで学習した「我等」（われら）。カタカナの「ホ」に見えたら、それは「等」と読むのでした。

は「不」で、ここでは下から返って読みます。は「广」に「心」で「應」です。どちらも学習済みの漢字です。

次のは見た通りの「心」。は「應」と同じく部首が「广」だとわかれば充分です。答えは「底」。

は「候」、は「付」です。で「候付」。これまでに見てきた事例では、「候」と「付」の間にカタカナの「ニ」が入っていましたが、書かれないことも多いです。

で「我等不㆑應㆓心底㆒候付」（われらしんていにおうぜずそうろうにつき」。この部分が離婚の理由であり、妻が「わたしの心の内に応えてくれませんでしたので」と書いています。

なお「我等」は、自分も含めた複数人のことを指す場合もありますが、一人称の「私」を指すことも多く、ここでは「私」と解釈しています。

は部分に注目してください。は「亼」のくずし方の一例で、「合」「会」「念」など「亼」のある漢字は、「亼」がのようにくずれることも多いです。は「令」と読み、通常、下から上へ返って、「～しむ」「～せしむ」と読みます。は「離」。きれいな「隹」が書かれています。はお馴染となった「縁」。「糸へん」に注目です。で「令二離縁一」（りえんせしめ）。「離縁をさせて」ということです。

は3つの部品に分けることができます。が「立」、が「木」、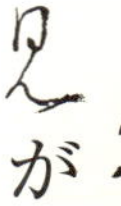が「見」です。3つを組み合わせると「親」ができあがります。は見たままの「元」。は80ページで学習しているのですが、覚えていますか。その時のとは若干形が異なりますが、は「江」です。「江」の特徴としては、ほかの漢字に比して半分以下の大きさで書かれることが多い点、中央では無く右に寄せて書かれることが多い点が挙げられます。これは「而」にも当てはまります。で「親元江」（おやもとへ）です。

は、右上に跳ね上がった形が特徴的な「差」で、は「戻」です。続くは「候」、は「上」、はカタカナの「ハ」です。で「親元江差戻候上ハ」（おやもとへ、さしもどしそうろううえは）。離縁をさせて「親元へ帰らせた上は」となります。

大事な字が出てきました。は形ごと覚える必要がある「此」です。「此」には、「此段」（このだん）、「此度」（このたび）、「此節」（このせつ）、「此上」（このうえ）など、いくつもの熟語があります。また、たくさんのくずし方がありますので、以下に掲げておきます。

【此】

一番下と下から2番目が、と同じ形をしています。は「末」。古文書では「末」も「未」もまったく同じくずし方をしますので、前か後ろにくる漢字によって、どちらで読むかを判断しま

す。で「此末」（このすえ）。「今後」「以後」と同義です。

これは、第5章で学習した〝決まり文句〟です。すべて学習済みですが、もう大丈夫でしょうか。

は「何」。しっかり「にんべん」と「可」が書かれています。は「方」で、は「江」です。は先ほどの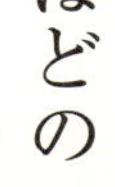とは偏の形が違いますが、どちらも「糸へん」の「縁」です。は「付」、は「候」、は「共」です。「共」は、85ページにくずし方の一覧を掲げていますので、もう一度見ておいてください。

で、「何方江縁付候共」（いずかたへ、えんづきそうろうとも）は、「どこの誰と再婚しても」という意味でした。

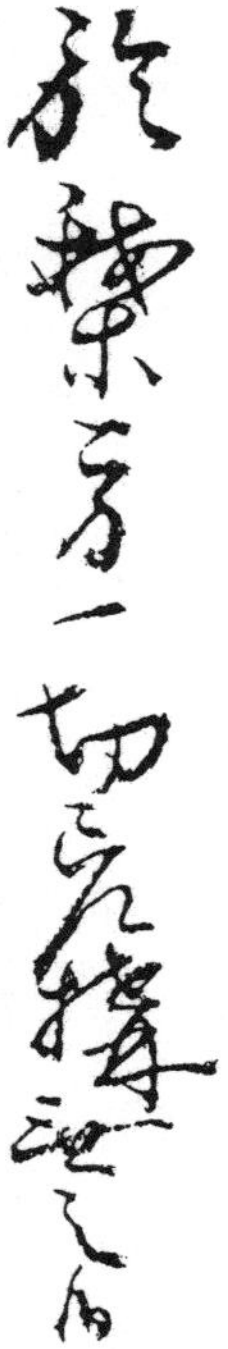

初めての漢字は と だけで、残りはすべて学習済みの漢字ばかりです。 は3つの部品に分けられそうです。すなわち 「方」と、 「𠆢」と、 「⺀」。3つを組み合わせると「於」となりました。「於」は 「我等方」まで読んでから上へ返ります。「於㆓我等方㆒」で「われらかたにおいて」。

 はそのまま「一切」(いっさい)と読めそうです。 は「差」、 は「構」。「構」は「木へん」ですが、くずし字は 「手へん」のように書かれています。

で「無㆑之候」。

で「於㆓我等方㆒、一切差構無㆑之候」(われらかたにおいて、いっさいさしかまいこれなくそうろう)。この部分も〝決ま

り文句〟で、「私の方には一切差し支えありません」と結んでいます。

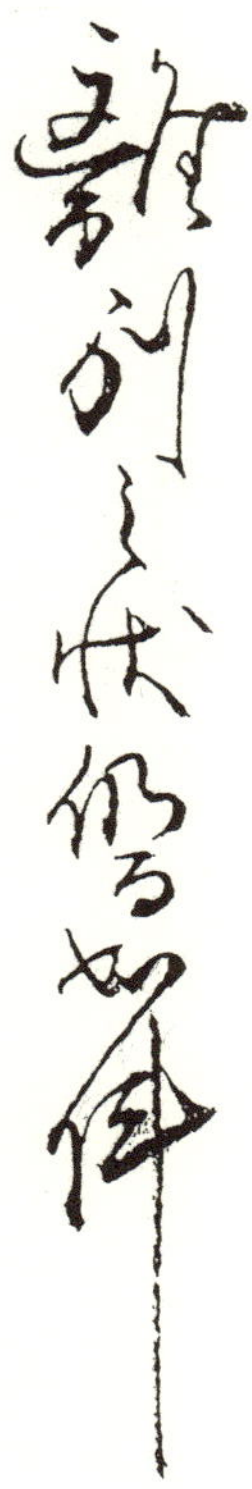

ここまでで本文は終わりです。書き止め表現である「仍而如レ件」（よってくだんのごとし）が書かれています。一番最後の文字が「件」であれば、その上に来るのは必然的に「如」でした。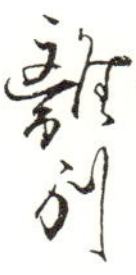は「離別」。きれいな「刂」（りっとう）が書かれています。は「之」、は「状」でした。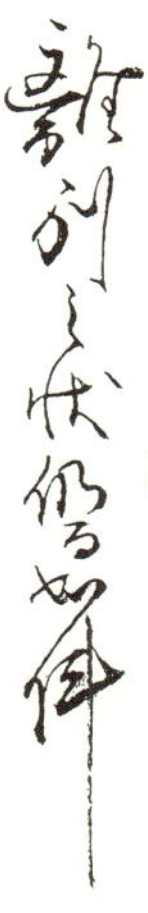で「離別之状、仍而如レ件」（りべつのじょう、よってくだんのごとし）。「離別状を書きました。ここに書いたことに間違いはありません」と締め括っています。

残りは三くだり半が書かれた年月日、差出人（夫）、受取人（妻）です。

が「天保」（てんぽう）で、が「二」です。は「卯」。は、125ページで学習した「手」と似ていますが、この部分は年月日ですので「手」ではなく、は「年」です。で「天保二卯年」。天保二年は西暦1831年、年表を見ると確かに卯年でした。今から180年前の、同じ卯年の三くだり半だとわかります。

は「十二月」。これは問題無く読めそうです。

男性名については第2章で学習しました。がわかれば良しとし

ます。判読ポイントはの部分。すなわちは「郎」です。
は「弥太」と書かれていて、で「弥太郎」。最後に印鑑が捺してあります。

受取人は、

「おくらとの」（おくら殿）と、すべて読めましたか？ 「く」が少し難しかったかもしれません。

これで一通の三くだり半を読み終えました。第5章までに多くのくずし字を学んできていますので、「結構読めた」という方も多いのではないでしょうか。続けて、別の三くだり半を読んでみましょう。

まず、全文を掲げておきます。

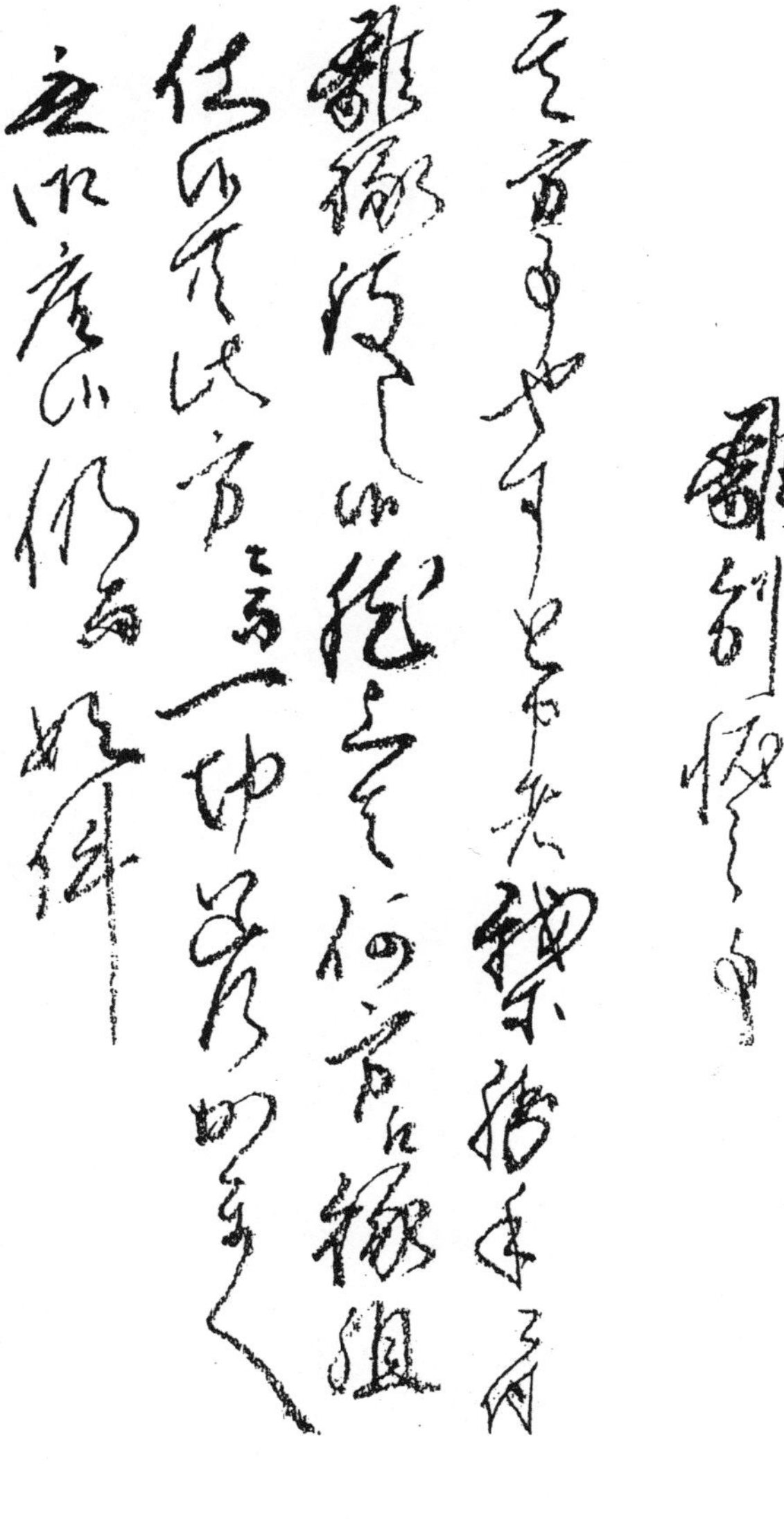

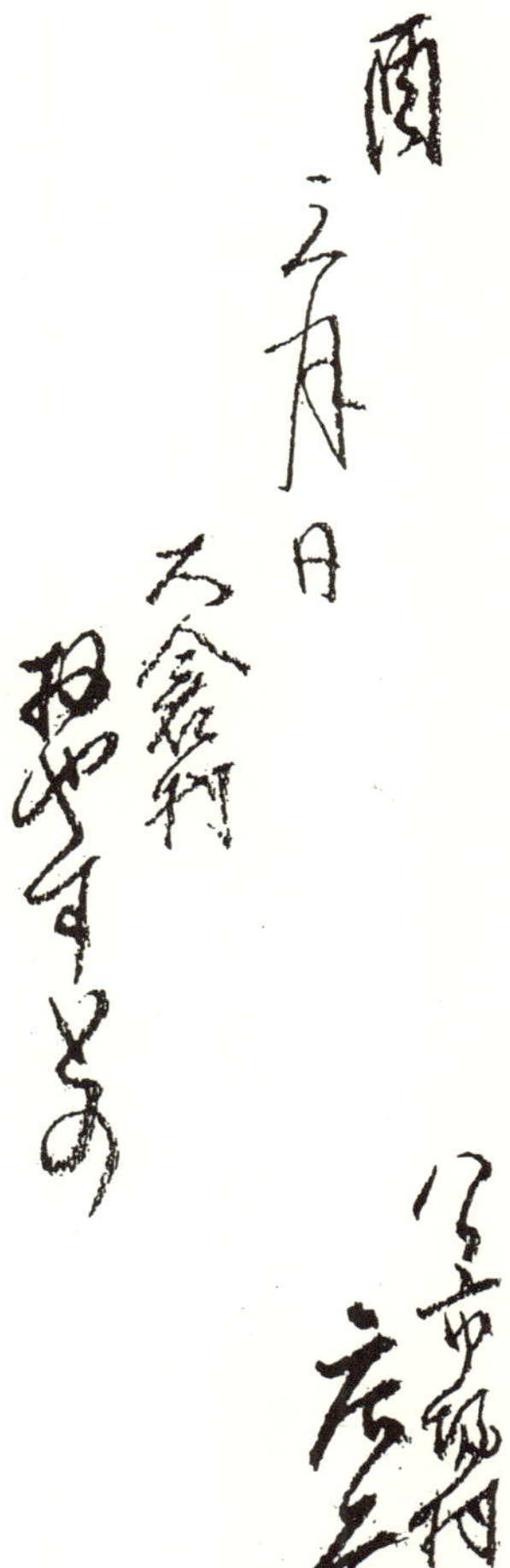

それでは、タイトルから読んできましょう。

第3章の66ページに同タイトルのを掲げてありますが、いずれも同じくずし字です。つまり「離別状之事」（りべつじょうのこと）となります。

1字だけ頭の出ているは、漢数字の「一」。古文書では「ひとつ」と読みます。行の初めに「一」と書いて、そのあとに文章を続けていくのですが、これを「一つ書き」（ひとつがき）と言います。何箇条にもわたる御触書や掟書であっても、各条項の頭にはすべて「一」が書かれます。「二」や「三」は書かれません。

は、先ほど147ページでも見た「其」と同じです。は「方」。は、タイトルの「事」と同じです。

続いて書かれているのは、「ひらがな」のように見えます。見たままの「やす」です。元の漢字は「也寸」。次のも「ひらがな」の「と」で、元の漢字は「止」です。22・23ページの「ひらがな一覧」

で確認しておいてください。は「申」。大事な漢字です。続くは初登場ですが、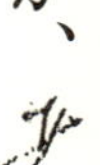の部分で予測が付けられるかもしれません。「耂」自体は部首で、柏書房の『入門古文書小字典』を見ると、「老」と「者」が載っています。上の文字が「申」なので、「申者」（もうすもの）が正解です。「者」は、91ページで「ひらがな」の「は」として学習しましたが、今度は漢字の「者」として登場しました。「者」にはたくさんのくずし方が有りますので、一覧を掲げておきます。

【者】

で「一、其方事やすと申者」（ひとつ、そなたこと、やすともうすもの）。ここでは、「ひとつ、あなたは、や

すという者ですが」となり、次の文章へと続きます。

第5章で学習した離婚理由の代表格です。そこではと書かれていましたが、「勝」の旁が少し違います。ほかは大丈夫でしょうか。で「我等」、が「手」、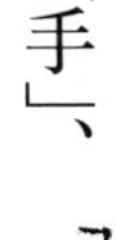が「ニ付」です。で「我等勝手ニ付」（われらかってにつき）。「私の都合により」という意味でした。

「離縁」は、もう完全に慣れましたか。

次のが初めてです。古文書に頻出する漢字ですので、是非覚えてしまいましょう。が偏の「至」、が旁の「攵」で、合わせて「致」。以下にくずし方の一覧を載せておきます。

【致】 

一覧の、上から2番目が「致」のくずしの基本形ですが、今見たは、この基本形の右上にある「、」を取った形です。「致」の右下から伸びているは「ひらがな」の「し」（元の漢字は「之」）で、「致」の送り仮名です。なお、「致」は「し」を送らなくても、単独で「いたし」と読めます。最後のはお馴染みの「候」。で「離縁致し候」（りえんいたしそうろう）。「離縁いたしました」ということです。

まったく初めてのですが、部首の見当が付きません。それゆえこの字は、形ごと覚えてしまう必要が有ります。答えは「然」で、このくずしが基本形です。古文書には、「然者」（しからば）、「然ハ」（しからば）、「然ル処（所）」（しかるところ）、「可レ然」（しかるべし）などと出てきます。特に話を転換する時に使われることが多いです。は「上」、は「者」がくずれた「ひらがな」の「は」で、「然上者」（しかるうえは）。「そうしたからには」と訳してみました。

初登場は。「イ」（にんべん）がはっきりと書かれていますので、文字の特定は簡単です。答えは「仕」。古文書に頻出し、「つかまつり」「つかまつる」と読みます。また「候」とセットで使われることが多く、ここでも「仕」の下に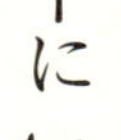「候」が続いています。

は「何方江」（いずかたへ）、は「縁組」、は「共」です。

で「何方江縁組仕候共」（いずかたへ、えんぐみつかまつりそうろうとも）。「どこの誰と再婚したとしても」の意です。〝決まり文句〟でした。

は先ほど見た「此」、は「方」です。は小さく右に寄

せて書かれている「二而」。右寄せが判読ポイントです。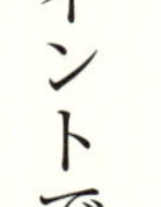は「一切」、は「差」。「差」はもう慣れましたか。は「ひらがな」3字です。は「か」、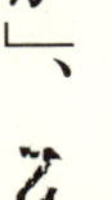は「ま」、は「へ」で「かまへ」。元の漢字は、それぞれ「加」「末」「部」です。漢字で書くと「構」となります。

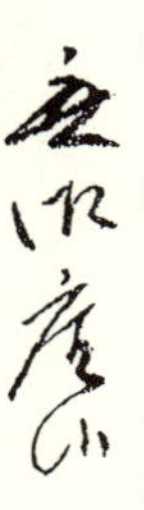は、古文書に頻出する慣用句で、すでに学習済みです。は「無」、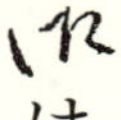は「御」、は「座」、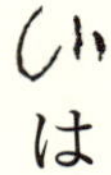は「候」、合わせて「無二御座一候」です。

これは、書き止め表現の「仍而如レ件」です。

続けて、月日、差出人、受取人の順で見ていきましょう。

先ほどの三くだり半とは異なり、元号らしき文字が書かれていません。古文書には元号が書かれないことも多く、月日だけ、干支と月日だけ、十二支と月日だけ、という場合がよく有ります。これもその例です。この十二支は何でしょうか。「子」（ね）から順に考えていくと、「酉」が一番似ています。続くは「三月」、は「日」で「三月日」となりますが、日付を書き忘れたのでしょうか。このように日付を書かずに「〇月日」とする事例もよく見られます。「三月日」で「さんがつじつ（にち）」と読みます。

この「酉」は、いつの酉年なのでしょうか。残念ながら確定はできません。なぜなら、江戸時代には22回の酉年があったからです。もし十二支だけでなく、十干（甲乙丙丁戊己庚辛壬癸）も一緒に書かれていたとすれば、ある程度まで年代を絞ることが可能となります。

差出人は、「八日市場村」の「庄吉」です。「吉」の下には爪印（つめいん）が捺されています。爪印とは、親指の爪の先に墨を塗ってつけた筋状の印のことです。

受取人は、「大倉村」の「おやすとの」（おやす殿）でした。

本書の最後に、２００９年に新潟県十日町市で発見された極めて珍しい〝妻から夫へ対して出された離縁状〟の解読に挑戦してほしいと思います。妻から夫へ出された離縁状は、国内では初めての事例です。なお、この「離縁状」は「三行半」で書かれたものでは有りません。

170・171ページに、この離縁状の全体を掲げましたが、原本をかなり縮小しており、読みにくいかと思いますので、172ページからは離縁状を①から㉒までに分解して、大きく掲げておきました。それぞれに簡単なコメントを付しましたが、1つ1つの文字についての解説はしません。これまでの学習成果を活かせば半分以上の文字が、きっと読めるはずです。また、180ページから、この離縁状の解読文と現代語訳を掲げておきました。わからなかった文字については、解読文を参照しながら、1字ずつ確認してみてください。

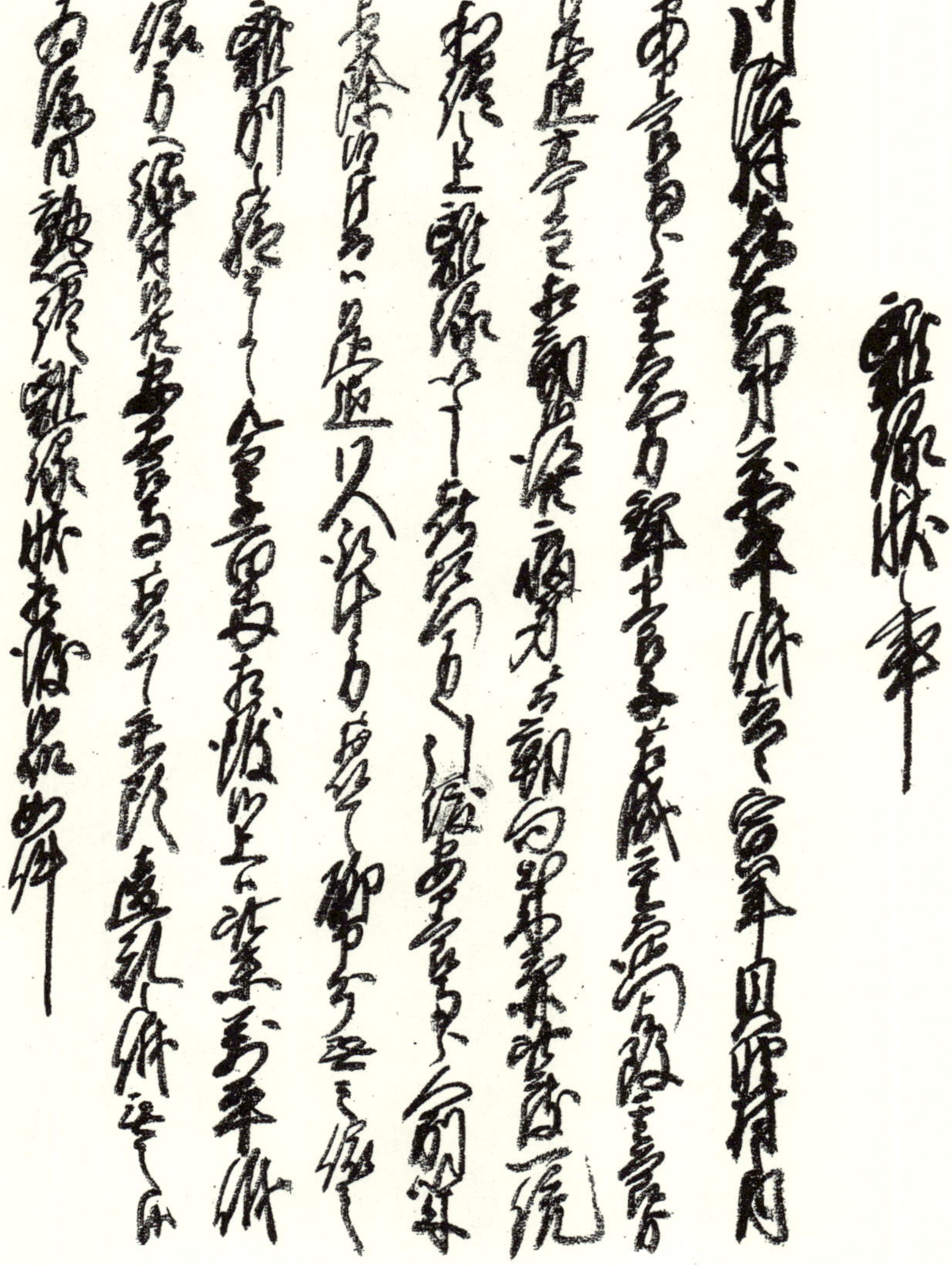

①

タイトルは第3章で学習しました。「之事」のパターンです。

②

男性名は、「右」と「左」のどちらでしょうか。

③

最初の文字は第3章で学習済みです。

④

男性名、「聟」「相」がわかれば良いです。

⑤

男性名に注目です。上から5文字目は「ゟ」ではありません。

⑥

「其」「ゟ」「相」「候」「共」が見付けられましたか。

⑦

「二而」と「出」が大事です。

⑧

「此」、「广」（まだれ）、「言」（ごんべん）、「之」がわかりますか。

⑨

男性名、「方」、「へ」に注目。一番下の字の後ろは汚れです。

⑩

「別」「相」「候」「二」「付」「而」は、判読できましたか。

⑪

「申」と「無之」さえ読めれば問題なしです。

⑫

「依」に注目。「之」は2回出てきます。6文字目は「糸へん」ではありません。「ひらがな」は、そのまま読めそうです。

⑬

「相」と「候」が有ります。相当な金額が書かれています。

⑭

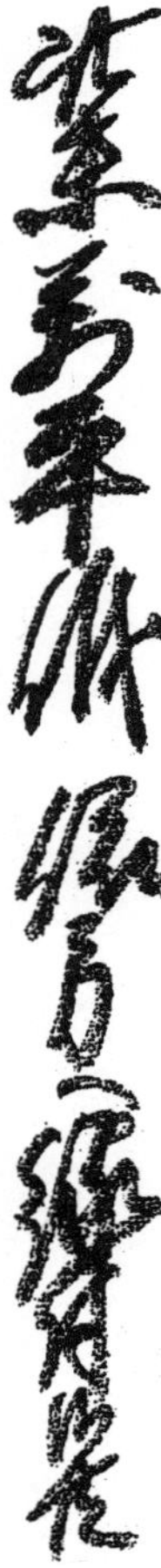

最初の文字は152ページの一覧から探してみましょう。

⑮

カタカナの「ニ」は、極端に小さく書かれます。

⑯

「之」が2回出てきます。

⑰

文末の決まり文句。最初の文字は117ページの一覧を見てください。「灬」（れっか）、「言」（ごんべん）、「氵」（さんずい）に注目です。

⑱

一番最後の文字が「イ」（にんべん）だった場合は……

⑲

十二支はわかりますか。「ひらがな」の「あ」に見える文字は「安」。「安」から始まる江戸時代の元号は2つ。「安永」と「安政」です。

⑳

この部分から離縁状の差出人です。確かに女性の名前が最初に書かれています。

㉑

「左」が2名、「右」が2名。「郎」が含まれている人もいます。

㉒

この部分が受取人です。最後に離縁された夫の名前が書かれています。

【解読文】

離縁状之事

川治村喜左衛門弟萬平儀、去々寅年貝野村之内
安養寺分重右衛門方聟養子ニ相成、重右衛門与改、其節ゟ

是迄亭主相勤候得共、病身ニて勤向出来兼、此度一統
和談之上離縁いたし、喜左衛門方へ引渡、安養寺分人別以来
相除候ニ付而ハ、是迄同人取計方ニおいて聊申分無レ之、依レ之
離別之験として金子百両相渡候上ハ、此末萬平儀、
依《(何)》方へ縁付候共、安養寺ニおいて毛頭違乱之儀無レ之候、
為二後日一熟談離縁状相渡候処、如レ件

安政三辰年二月

安養寺分
元重右衛門妻
ふじ

本家
藤左衛門

親類惣代
彦左衛門

同岩沢村
吉郎右衛門
媒人馬場村枝
水沢分
又右衛門

川治村
喜左衛門殿
外御親類中
萬　平殿

【現代語訳】（本文のみ）

離縁状のこと

川治村喜左衛門の弟・萬平は、2年前の寅年に、貝野村・安養寺分の重右衛門方の聟養子になって、名前も重右衛門と改めました。この時から重右衛門家の当主（「亭主」）の役割を勤めて今日まできましたが、病身のために勤め向きが困難になりましたところ、このたび関係者一統と和談の上で離縁いたし、実家の喜左衛門方へ引き渡して、安養寺分の人別からも除きました。ついては、これまでの同人の我が家での取り計らい方において、いささかも申し分なく（婿としてよくやってくれましたので）、これより離別の慰謝料（「験」〔しるし〕）として、金100両を渡しました。これ以降、萬平が誰と再婚したとしても、妻方（「安養寺」）においては少しも反対することは有りません。後日のために熟談の離縁状を渡します。以上の通りです。

いかがでしたか。なかなか面白いことが書かれています。タイトルから「如件」まで、全部で179文字書かれているのですが、そのなかで、本書で学習してきた文字は88字。そのまま読める文字もありますので、およそ5割が読めるようになった計算です。もちろん、この離縁状に対しての割合ですから、古文書によっては5割以下しか読めないかもしれませんし、それ以上読めるものも有ると思います。

学習には段階が有ります。小学1年生が高校で習う漢字を学習することは無いですし、九九を初めて学ぶ小学2年生が連立方程式や三角関数を学習することは有りません。

初学・入門者が、いきなり古文書に出てくる文字のすべてを学習しても意味がありませんので、本書では三くだり半に出てくる文字で、最低限必要だと思われる文字や部首に絞って取り上げてきました。

本書を繰り返し学習してください。そして無事に本書を卒業できたら、柏書房からはたくさんの古文書学習書が刊行されていますので、それらの書籍を使って次のステップへ進んでほしいと願っています。

【著者略歴】

高木　侃（たかぎ　ただし）

1942 年生まれ。

中央大学法学部卒業、同大学院法学研究科修了。

関東短期大学教授を経て、現在、専修大学法学部教授。太田市立縁切寺満徳寺資料館館長。

専攻は、日本法制史・家族史。博士（法学）。

**主要編著書**
『縁切寺満徳寺史料集』（編著、成文堂、1976 年）
『縁切寺満徳寺の研究』（成文堂、1990 年）
『三くだり半と縁切寺——江戸の離婚を読みなおす』（講談社現代新書、1992 年）
『縁切寺東慶寺史料』（編著、平凡社、1997 年）
『三くだり半——江戸の離婚と女性たち』（平凡社、1987 年。増補版・平凡社ライブラリー、1999 年）
『泣いて笑って三くだり半——女と男の縁切り作法』（教育出版、2001 年）
『老いの相生』（編著、専修大学出版局、2006 年）

三《み》くだり半《はん》からはじめる古文書入門《こもんじょにゅうもん》

2011 年 4 月 10 日　第 1 刷発行

著　者　高木　侃
発行者　富澤凡子
発行所　柏書房株式会社
〒 113-0021 東京都文京区本駒込 1-13-14
Tel. 03-3947-8251［営業］
03-3947-8254［編集］
装　丁　山田英春
組　版　ハッシィ
印　刷　萩原印刷株式会社
製　本　株式会社ブックアート

ISBN978-4-7601-3975-0

# 「ひらがな」が読めるようになりたい方へ

〈価格税込〉

●百人一首を素材に学ぶ

## 江戸かな古文書入門

吉田豊【著】　A5判・一八〇頁　二、〇三九円　4-7601-1142-5

版本を読むにはまず「かな」読みから。寺子屋の教材だった往来物から学習をはじめ、ついで江戸っ子たちの娯楽であった流行歌、百人一首を読み、最後に草双紙に挑戦します。

●あなたのくずし字解読力を判定します

## 古文書検定　入門編

油井宏子【監修】　柏書房編集部【編】　A5判・一六〇頁　一、二六〇円　4-7601-2799-2

江戸時代には子どもでも普通に読めたくずし字。当時は「漢字」「ひらがな」「カタカナ」の3つの文字が使われていましたが、本書は入門編として、まず「ひらがな」の問題を解いていきます。現代人の私たちがどの程度くずし字を読めるのか、その実力がわかります。